청소년 인권 수첩

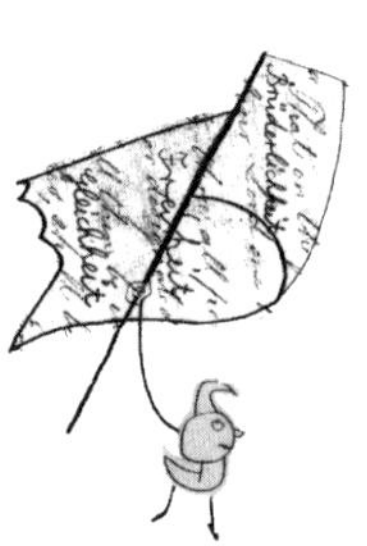

개인의 자유와 지구 공동체를 함께 생각하는 인권 교과서

청소년 인권 수첩

크리스티네 슐츠-라이스 · 공현 지음 | 안미라 옮김

양철북

인권은 자유롭고 안전하고 행복한 삶을 추구할 모든 사람의 권리다. 그런데 도대체 자유롭고 안전하고 행복한 삶이란 어떤 것일까? 지금 우리처럼 사는 것을 말하는 걸까? 우리는 따듯한 집에 살면서 언제든 맛있는 음식을 먹고 예쁜 옷을 입을 수 있다. 아무런 걱정 없이 길거리를 다닐 수도 있고 학교에 다니며 공부를 하다가 방학을 즐기기도 한다.

인권이라는 말을 들으면 날마다 신문이나 텔레비전 뉴스에서 보았던 장면들이 떠오른다. 배고픔에 시달리거나 도망 다니는 사람들, 매를 맞거나 학대받는 사람들, 길거리에서 사는 아이들, 어린이 군인, 학교도 못 다니거나 신나게 놀지도 못하고 힘든 일을 해야 하는 아이들의 모습이 생각난다. 그런 장면을 보면 마음이 아프다. 우리는 다른 사람의 고통을 보면서 그 고통을 함께 느낀다. 이런 걸 보면 사람이 제아무리 다르다 해도 결국에는 모두 같다는 것을 알 수 있다.

우리는 다른 사람을 억압하고 지배하는 사람, 다른 사람에게 상처를 입히거나 죽이는 사람만이 인권을 짓밟는다고 생각한다. 그러나 인권은 우리가 사는 곳, 우리가 하는 모든 일과도 관련이 있다. 가정에서도, 친구들과

의 관계에서도, 학교에서도, 심지어 길거리에서도 우리는 인권과 마주한다. 우리는 인간답고 존엄한 삶을 위해 각자가 필요로 하는 걸 모든 사람이 가질 수 있게 하기 위해 규칙을 세웠다. 그 가운데 하나가 서로를 공정하고 평등하게 대해야 한다는 규칙이다.

도대체 왜 그래야 할까? 사람은 언제, 어떻게 해서 이런 생각을 하게 되었을까? 누가 인간의 권리를 '발견'했을까? 이 '발견'은 왜 민주주의로 이어졌을까? 왜 민주주의가 인권을 실현하고 보호하기에 가장 적합한 원리라고 할까? 그런데도 많은 민주주의국가가 인권을 침해하고 있지 않는가? 우리는 어떻게 대응할 수 있을까? 유엔(UN, 국제연합)의 세계인권선언은 어떤 의미가 있을까? 세계인권선언은 어떻게 해서 태어났고, 어떤 영향을 미쳤는가? 이 책은 바로 이러한 의문점들에 대한 답을 제공한다.

다시 말해서 이 책은 단순히 사람이 사람에게 저지르는 잔인한 일들을 이야기하려는 게 아니다. 물론 오늘날 인간의 존엄성이 어떻게 실현되고 있는지를 살피다 보니 그런 부분이 잠깐 나온다. 이 책에서는 그뿐 아니라 인간과 인간의 권리를 지키기 위해 일하는 세계 여러 나라의 유명한 인권 운동가와 인권 단체에 대해 알아본다. 이를 통해 우리 삶이 저 멀리 있는 나라에 사는 사람들의 삶에 영향을 미친다는 사실과 그곳에 사는 사람들의 권리를 위해 우리도 무언가 할 수 있다는 사실을 배우게 될 것이다. 또한 시민다운 용기가 무엇인지, 어떻게 발휘해야 할지 살펴본다. 외국인에 대한 증오는 왜 생겨났는지, 차별은 어디에서부터 시작되는지 알아본다.

이 책은 인권과 인간의 존엄성을 다양한 각도에서 바라보았다. 처음부터 끝까지 한 번에, 차례대로 읽을 필요는 없다. 관심이 가는 주제를 골라 그

부분부터 읽어 보자. 그러다 보면 호기심이 커질지도 모른다. 그리고 결국에는 인권이 흥미로운 주제라는 사실을 인정하게 될 것이다!

이 책을 읽고 나면 인권과 민주주의에 대해 무언가를 말할 수 있을 뿐 아니라, 세상을 전혀 다른 눈으로 바라볼 수 있을 것이다. 더 나아가 행동도 조금씩 변할 것이다. 인간의 권리에 관심을 갖기 시작한 사람은 누구나 다 그럴 것이다. 인간의 존엄성을 실현하고 지키는 일은 바로 이렇게 시작된다.

크리스티네 슐츠-라이스

차례

1장 | 인간의 존엄성

2장 | 인권 실현을 위한 긴 여정

3장 | 새로운 세대의 인권

일러두기

❶ 7장 '한국의 인권'과 8장 '한국의 청소년 인권'은 공현이 글을 쓰고 최진혁이 그림을 그려 넣었다.
❷ 전체적으로 한국 실정에 맞게 공현이 글을 다듬었다.

인간의 존엄성

사는 데 꼭 필요한 것은 무엇인가?

은수는 배구를 좋아하고 현수는 축구를 좋아한다. 정아는 피아노를 연주할 때 행복을 느끼지만 윤기는 조용히 낱말 퍼즐 푸는 것을 가장 좋아한다. 사람은 누구나 다른 사람과 다를 권리가 있다.

이것은 모순이 아니다. 저마다 자기가 좋아하는 것을 할 자유와 권리는 은수, 현수, 정아, 윤기뿐 아니라 모든 인간의 자유이자 권리이다. 사람은 누구나 똑같이 귀하고 가치 있기 때문이다. 학생에게 스스로 결정을 내릴 수 있는 자유로운 삶이란 여가 시간에 자기가 좋아하는 취미 활동을 하고, 자기가 원하는 친구들과 어울리는 것을 뜻한다. 어른이 되면 원하는 직업을 선택하고, 직업 생활을 하면서 돈을 벌어 재산을 모으고, 원하는 곳에서 사는 게 그런 삶이다. 또 아이를 낳아 기를지를 선택하고, 그 밖의 많은 것들을 스스로 선택하고 결정할 수 있는 삶이 자유로운 삶이다.

우리는 자기 자유와 권리가 위협받거나, 다른 사람의 자유와 권리가 위협받는 것을 볼 때에야 비로소 자유와 권리가 얼마나 소중한지 깨닫는다. 민주주의국가에서는 개인의 자유와 권리를 국가가 보호해 준다. 그리고 모든 국민이 자유롭고 행복한 삶을 누리는 것을 당연하게 생각한다. 국가는 개인의 자유를 제한하기도 하는데, 한 사람의 자유가 다른 사람의 자유를 침해하거나 사회 전체의 이해나 기본 욕구와 충돌할 경우에만 제한한다.

우리는 자유의 한계가 어디까지인지 부모님을 통해서 처음 배운다. 부모님이 우리에게 자유를 제한하는 이유는 일차적으로 가족의 화목을 위해서다. 더 나아가 부모님에게는 모든 자녀가 똑같이 소중하고 사랑스럽기 때문이다. 부모님은 자녀가 저마다 한 개인으로서 하고 싶은 것을 하고 개성을 개발하면서 자라기를 바라며, 이를 달성할 수 있도록 형제들끼리 서로를 존중하라고 가르친다. 남매 사이인 은수와 현수는 누가 언제 공원에서 공을 가지고 놀지 정해야 하고, 정아와 윤기도 서로 방해가 되지 않도록 피아노 연습 시간과 낱말 퍼즐 푸는 시간을 조정해야 한다. 우리는 이러한 방식으로 어린 시절 집안에서부터 사람에게는 누구나 동일한 권리가 있다는 사실을 배운다.

인간이 살기 위해 필요한 것들이 보장될 때 인간은 존엄하게 살 수 있다. 먼저 먹고 마시는 문제는 건강과 바로 연관되어 있기 때문에 해결되어야 하는 중요한 문제이다. 건강은 행복한 삶의 기본 조건이다. 그 다음으로는 살 집과 입을 옷이 있어 추위와 더위 그리고 다른 사람들의 시선에서 자신을 보호할 수 있어야 한다. 사람은 그 밖에도 교육을 받아야 하는데, 읽고 쓰는 것 이상의 교육을 받아야 한다. 그래야 토론하고 결정하는 데 참여할 수 있다. 직업을 갖고 스스로 돈을 벌기 위해서는 기본 지식이 있어야 하기 때문이기도 하다. 이러한 조건들이 충족되지 않으면 다른 사람에게 의존하지 않고 독립해서 생활할 수 없다. 끝으로 사람은 안전해야 한다. 폭력을 당하지 않아야 하고 재산을 안전하게 지킬 수 있어야 하며, 피해를 당하거나 위험한 상황에 놓이면 도움을 받을 수 있다는 안정감이 있어야 한다.

우리는 어린 시절부터 다른 사람에게 피해를 입혀서는 안 된다는 사실을 배운다. 예컨대 은수가 현수를 괴롭히면 부모님에게 꾸중을 듣는다. 학교에서는 친구를 왕따시키거나 친구의 물건을 훔치면 벌을 받는다. 한 나라 안에서는 경찰과 법원에서 사람들이 규칙을 지키는지 감시한다. 경찰은 우리를 보호하고 법원은 규칙을 위반한 사람에게 책임을 묻는다.

인간의 존엄성은
무엇으로부터 시작될까?

십 대 청소년 둘이 현수에게 다가와 뒤에서 목을 조르고 뒤로 팔을 꺾었다. 현수가 휴대전화를 내주자 둘은 현수를 보내 주었다. 그때부터 현수는 혼자 길거리를 돌아다니려 하지 않는다.

　이런 일은 되도록 당하지 않아야 한다. 당해 보지 않았더라도 현수가 얼마나 무서웠을지 상상이 간다. 그 자체도 그렇지만 그러고 나서 늘 두려움을 느낀다는 것이 더 끔찍하다. 사람은 두려움을 쉽게 떨쳐 버리지 못한다. 그리고 두려움은 사람의 자유를 제한하며 인간의 존엄성을 침해한다. 한국에서 일하는 외국인 노동자를 괴롭히고 쫓아내는 것은 한국에 사는 모든 외국인의 존엄성을 위협하는 것이다. 생김새나 고향이나 종교가 다르다는 이유 때문에 누군가가 나를 갑자기 공격할 수도 있다고 늘 걱정하며 살아야 하는 건 정말 괴로운 일이다.

　가장 기본이 되는 것들이 결핍된 상태로 살아야 하는 것도 마찬가지다. 늘 배고프고 추위에 떨면서 지내야 하고 가장 필요한 조건마저 갖추지 못하고 살아야 하며, 그 누구한테서도 도움을 받지 못하고 살아야

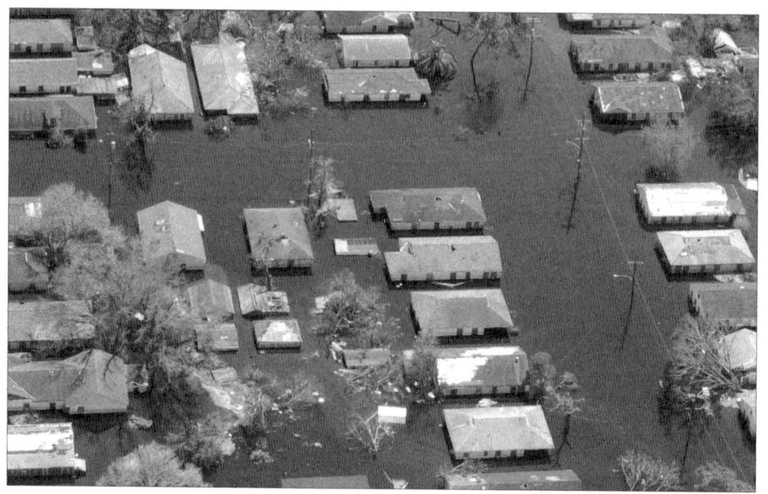

2005년 허리케인 '카트리나'의 영향으로 물에 잠긴 미국 뉴올리언스 시가지 모습. 공포와 결핍에서 자유를 보존하는 것이 인간의 존엄성을 지키는 첫걸음이다.

한다면 그것은 자신이 원하는 것을 자유롭게 선택하고 누릴 수 있는 삶이 아니다. 이런 상태로 살아야 한다면 사람은 오히려 그 상황을 극복하기 위해 어쩔 수 없이 자신의 존엄성을 해치는 일까지 하게 될 수도 있다.

우리는 텔레비전이나 신문에서 전쟁이나 분쟁, 자연재해가 일어난 곳을 보게 되는데, 그곳 사람들의 표정에서 고통과 좌절을 엿볼 수 있다. 그런 표정을 보는 우리마저도 순간 불행해진다. 그런 상황 속에 있는 사람들의 존엄성이 얼마나 상처받았을지 직감으로 알 수 있기 때문이다. 공포와 결핍에서 자유를 보존하는 것이 바로 인간의 존엄성을 지키는 첫걸음이다.

인권은 언제부터 존재했을까?

인간은 존엄하기 때문에 자기한테 있는 기본적인 욕구를 충족할 수 있어야 한다. 그리고 이러한 욕구를 충족하는 일은 곧 인권을 행사하는 일이다. 인권은 모든 사람한테 태어나면서부터 있는 권리다.

인권은 인간이 존재하기 시작한 순간부터 존재했다. 인권은 인간의 천성이기 때문에 자연권이라고도 한다. 인간은 인권이 있어야 비로소 진정한 인간이 된다. 여자든 남자든, 흑인이든 백인이든, 키가 크든 작든, 혼자 살든 다른 사람들과 함께 살든 모든 인간한테는 인권이 있다.

인권은 인간이 인간의 권리에 대해 고민하고 다투고 기록하기 이전부터 존재했다. 사람이 지구에 존재하기 시작한 뒤 사람이 인권을 인식하게 되기까지는 몇천 년이 걸렸다. 사람이 사람 위에 군림하기 위해 인권을 침해한다는 사실이 여전히 보도되는 것을 보면 인권을 실현하고 보존하는 것이 얼마나 어려운 일인지 알 수 있다.

인권은 어떤 국가나 입법자가 생각해 낸 개념이 아니다. 인권은 인간한테 태어나면서부터 있는 권리이며, 그 누구도 다른 사람의 인권을 빼앗아 갈 수 없다. 세상에 태어나 다른 그 무엇으로 대체될 수 없는 독립된 인격체로 자신을 발전시키고, 생각하고 행동하며, 자기 삶을 스스로 개척하고, 다른 사람들과 어울려 살 수 있는 모든 인간은 인권이 있다. 인권은 영원한 가치이며 변형될 수 없고 어디에서나 효력이 있다.

국가라는 제도가 생겨나기 전부터 존재했기 때문에 인권은 국가의 경계와 제도를 뛰어넘는다. 국가의 의미와 목적은 예나 지금이나 인간이 서로 도와 함께 살 수 있게 해주는 것이다. 그러나 그보다 먼저 국가는 국민이 인권을 행사할 수 있게 해주며, 인권을 보호하고 보존해야 할 임무가 있다.

남자든 여자든, 흑인이든 백인이든 상관없이 모두 같을까?

'젊은이들은 생각이 없다.' '여자들은 머리가 나쁘다.' 누구나 한 번쯤은 토론해 봤을 만한 주제다. 물론 남자와 여자는 다르다. 안 그랬다면 얼마나 지루했을까? 남자와 여자는 분명 다르지만 공통점이 있다. 바로 사람이라는 점이다.

그런데도 남자와 여자가 언제나 동등한 권리를 행사할 수 있는 것은 아니다. 몇백 년 전만 해도 남자만 사람으로 인정받았다. 하지만 남자와 여자는 마치 서로 종교가 다르고 출신 문화권이 다른 사람들 사이에 차이가 있듯 서로 다를 뿐이다. 피부색이 검은 사람이 있는가 하면 피부색이 흰 사람이 있고, 알라신에게 기도하는 이슬람교도들이 있는가 하면 기독교의 신에게 기도하는 기독교도나 자연을 숭배하는 힌두교도들도 있다. 독일 사람들은 진지하고 농담을 잘 못하는 반면 프랑스인들은 유쾌하고 인생을 즐길 줄 안다고 한다. 인간의 다양성도 끝이 없지만 사람들을 분류하는 인간의 상상력도 끝이 없다.

인간은 아이디어와 창의력으로 가득하다는 점에서 다른 동물과 구별

> 지난날 여자는 하등한 인간이라는 취급을 받았다. 오늘날 우리는 그것이 잘못된 생각에서 나온 것임을 잘 안다. 그런데 여전히 여자가 남자와 똑같은 권리를 누리지 못하는 경우가 있다.

된다. 인간만이 생각하고 궁리하는 힘이 있기 때문이다. 인간은 그 밖에도 개성이 있다. 특별히 머리가 좋은 대신 손재주가 없는 사람이 있을 수 있다. 그 반대인 사람도 있을 것이다. 이러한 개인의 특성은 곧 개인의 개성을 형성하고 우리를 특별한 존재로 만들어 준다.

사람은 사회를 형성하고 저마다 가지고 있는 다양성을 한데 모아 새로운 무언가를 만들어 낸다. 그렇게 해서 세상은 오늘날과 같이 발전했다. 만약 그러지 않았다면 우리는 여전히 주먹도끼를 들고 모닥불 둘레에 앉아 있을 것이다. 그리고 우리가 누구인지, 인간이 무엇인지도 인식하지 못하고 있을 것이다.

# 누구나 자유롭게 생각하는 것이 왜 중요한가?

아무 생각도 하지 않으려고 해본 적이 있나? 아무 생각도 안 한다는 것은 사실 말도 안 된다. 사람은 머릿속으로 무언가를 생각할 수밖에 없다. 이것이 바로 사람을 사람답게 해주는 능력이다. 그러므로 사상의 자유는 인권에 속한다.

우리는 다른 사람의 견해 때문에 화가 날 때도 있다. 그러나 상대방 또한 내 생각에 반감을 가질 수 있다는 사실을 언제나 기억해야 한다. 그 누구도 다른 사람이 생각하는 것을 막으면 안 된다. 그렇게 할 수도 없다. 그런데도 역사를 살펴보면 사람들의 생각을 억압하거나 사람들의 생각을 특정 방향으로 조정하려는 시도가 끊임없이 있었다. 예를 들어 중세에 종교재판이 성행했을 때 교회는 교회가 원치 않는 다른 의견을 가진 사람들을 모두 처벌하면서 그것이 신의 뜻이라고 합리화했다. 그러나 실제로 종교재판은 종교 지도자들이 권력을 유지하기 위한 수단이었다. 종교재판으로 많은 사람의 자유와 목숨이 희생되었다. 오늘날에도 종교라는 이름을 내세워 사람들의 생각을 억압하는 곳이 존재한다.

고야가 그린 '마녀의 집회'. 당시 많은 여성들이 마녀로 몰려 억울하게 희생되었다.

자기와 다른 생각을 하는 사람에게 자기 의견을 자유롭게 말하지 못하게 막는 행위는 다른 사람보다 자신을 우월하게 여기는 것이기 때문에 부당한 일이다. 다양한 의견은 새로운 것을 창조하는 원동력이다. 반대 의견은 내 처지나 주장이 정말 옳은지를 반성해 보고 점검할 수 있는 기회를 준다. 인간에게 가장 중요한 도구는 머리다. 똑같은 찰흙 덩어리를 가지고 만든 내 작품이 친구의 작품과 다른 것과 같이 우리 머릿속 생각도 저마다 다 다르다.

정말 좋은 아이디어는 대개 서로 다른 여러 아이디어가 합쳐져서 만들어진다.

왜 살아가면서 신을 필요로 하기도 하고, 필요로 하지 않기도 할까?

나는 어디에서 왔을까? 나는 어디로 가는가? 나는 어떻게 살아야 하며 내 삶의 의미는 무엇일까? 사람은 누구나 이러한 의문에 빠진다. 어떤 사람은 그 해답을 신에게서 찾는가 하면, 어떤 사람은 명확한 증거가 있는 사실만을 믿으려 한다.

우리는 인간이 초자연적인 존재 때문에 세상에 태어났다고 믿을 수도 있고, 그 존재에게 기도할 수도 있다. 교회에 가거나 이슬람교 사원에 다닐 수도 있고, 아니면 또 다른 종교에서 삶의 의문점과 고민을 해결할 수도 있다. 과학적으로 증명된 사실만을 믿고 언젠가는 인간이 과학으로 이 세상이 어디에서부터 어떻게 시작되었는지 밝혀낼 것이라고 믿을 수도 있다. 또 이런 생각 자체를 싫어해 무엇 때문에 그런 복잡한 생각을 하냐고 반문하며 그냥 살아 있는 것만으로 만족할 수도 있다.

삶의 복잡한 여러 문제에 대한 해답을 구하는 방법은 개인이 마음대로 선택할 수 있다. 만약 바라지 않는다면 문제를 아예 언급하지 않을 수도 있다. 그 누구도 다른 사람에게 신이나 세상만사에 대한 그 어떤 사상도 강요하면 안 되고, 강요할 수도 없다. 반면 원한다면 자유롭게 다른 사람들에게 자신의 신앙을 알려 주고 다른 사람들을 설득할 수 있다. 어떤 종교를 믿고 어떻게 신앙생활을 하는지는 개인의 문제다. 다시 말해 한 종교에 귀의하더라도 그 종교의 관습과 규율을 엄격하게 지킬 것인지, 그러지 않을 것인지도 개인이 선택할 일이다. 한 종교를 신봉하는 사람이라도 종교 규율을 어긴다고 해서 강제로 무엇을 하거나 처벌할 수는 없다. 어떤 종교 지도자들은 이 사실을 인정하지 않으려고 하기도 하지만, 이는 분명 종교의 자유 또는 종교를 갖지 않을 자유라는 인권에 속한다.

누구나 교육을 받아야 하는 이유가 뭘까?

만약 글을 읽지 못하고 쓰지 못한다면 어떨까? 길거리 표지판에 적혀 있는 글자마저 외국어처럼 낯설어 보일 것이다. 누가 도와주지 않으면 아무것도 할 수 없을 것이다. 내가 만약 글을 읽지도 쓰지도 못한다면 나에게 아무도 휴대전화 문자 메시지를 보내지 않을 것이다. 문자 메시지를 보내도 답장을 받지 못할 게 뻔하니까!

문자 메시지 주고받는 일에 정신이 팔렸다고 못마땅해하는 부모 처지에서는 문자 메시지가 오지도 않고 자식이 문자 메시지를 보내지도 않는다면 좋아할지 모른다. 하지만 문자 메시지를 주고받지 못한다는 것은 곧 친구들과 대화가 단절되는 것을 뜻하기 때문에 상상도 하기 싫은 일이다. 글을 읽고 쓰는 것부터 학교에서 배우는 지식은 문자 메시지를 주고받기 위해서도 필요하지만, 그보다 훨씬 더 중요한 수많은 일을 위해 필요하다는 것을 누구나 인정할 것이다.

학교에서 배우는 모든 지식은 우리가 꼭 배워야 하는 것들이다. 때로는 어떤 시대에는 어느 왕이 나라를 다스렸는지를 왜 알아야 하는지, 위대한 시인의 이름과 $a^2+b^2=c^2$ 라는 사실이 왜 중요한지 의문이 들기도 한다. 그러나 학교에서 지식을 배우면서 우리는 인생과 세상 그리고 세상이 어떻게 움직이는지를 이해할 수 있게 된다. 지식은 자기 스스로 결정을 내리고 앞날을 다른 사람들과 함께 만들어 나가는 데 참여할 수 있도록 해준다. 이야기에 참여하려면 사람들이 무슨 이야기를 하는지 알아야 한다. 더 많이 알면 알수록 인생을 더 잘 가꿔 나갈 수 있고, 다른 사람에게 덜 기대게 된다.

지식에 대한 욕구는 인간이 타고나는 욕구다. 이는 어린아이를 관찰해 보면 분명히 알 수 있다. 아기가 두 발로 서기 시작하면 또 다른 세상을 개척하기 위해 손에 닿는 물건을 모조리 잡아당기려 한다. 말을 하기 시작하면 질문을 하는데, 자기 둘레에 일어나는 모든 일들을 이해하기 전까지 끊임없이 묻는다. 학습은 삶의 한 부분이다. 따라서 교육받을 권리는 인권이다.

왜 남의 재산을 존중해야 할까?

아버지가 나를 차로 학교에 데려다 주고 나서 출근한다고 가정해 보자. 만약 이웃 사람들이 아버지의 차를 가져가 버렸다면? 아니면 친구들과 축구를 하려고 하는데 늘 이용하던 축구장을 다른 아이들이 차지해 버렸다면?

그럼 문제다! 그러나 이웃 사람들과 함께 자동차를 타는 방법도 있다. 축구를 하려는 다른 아이들과 축구장을 번갈아 가며 이용하는 방법도 있다. 물론 자동차도 그렇고 축구장도 주인이 있어야 한다. 그렇지 않으면 아무나 자동차나 축구장이 자기 것이라고 주장할 것이다.

앞에서 예로 들은 자동차나 축구장은 살아가는 데 꼭 필요한 것들은 아니지만 남의 재산을 존중하지 않을 경우 문제가 된다. 사람들은 남의 재산을 존중하지 않아 서로를 죽이기도 하고 나라와 나라 사이에 전쟁이 일어나기도 한다. 그 어떤 사람도 살아갈 땅이 없으면 존재할 수 없기 때문이다. 재산권은 안전하고 자유로운 삶을 위한 중요한 전제다.

재산권은 개인을 넘어 집단에도 적용된다. 사람들이 모여 이룬 공동체가 합법적으로 취득한 재산은 그 누구도 갈취할 수 없다. 사람은 재산이 있어야 살아갈 수 있기 때문에 누구나 재산을 갖고자 하는 욕구가 있다. 채집과 사냥으로 살아가던 선사시대 인간도 이미 저마다 자기 동굴을 가지고 있어서 그곳에 몸을 숨기고는 했다. 농경시대에 들어와서는 농부가 자기 농경지를 가져야만 농노제나 주종 관계에서 자유로워질 수 있었다. 또한 어떤 민족도 자기 땅이 없으면 국가를 세울 수 없다. 이 때문에 재산에 대한 집단적 인권이 모든 민족의 자치권에 속한다.

인권이 국가 권력보다 우선하는가?

만일 자기 인권을 자기 혼자 힘으로 실현해야 한다면 어떨까? 만일 내가 하고 싶은 대로만 하고 산다면 어떨까? 다른 사람에게 맞설 만큼 강하면서도 다른 사람의 권리를 침해하지 않도록 스스로 한계를 정해 통제할 수 있을까?

그렇게 하기란 나라의 도움 없이는 힘들다. 사람들은 공동 규칙을 만들어 평화롭게 함께 살기 위해 사회를 구성한다. 그 규칙이 바로 법이다. 법은 국가, 다시 말해 공동체가 개인에게 그리고 동시에 모든 사람들에게 무엇을 제공할지를 정하며 또한 우리가 해서는 안 될 일들을 규정한다. 국가는 국민이 법에 위배되는 행동을 하지 못하도록 감시하며, 만약 그런 일이 생기면 개입한다. 그러기 위해서 국가는 권력이 있어야 한다. 민주주의국가의 경우 시민들이 자기 권력을 국민이 직접 뽑은 대표에게 양도한다. 정부는 사회구성원 모두가 합의한 규칙을 모두가 지키게 할 책임이 있다.

그러나 자연권인 인권은 국가 권력보다 앞선다. 따라서 국가가 인권 보장에 대한 자기 임무를 수행하지 않고 인권이 국가 권력보다 우선해야 한다는 것에 위배되는 일을 할 때에는 누구든 국가 권력을 거부할 수 있다. 그러나 한 나라가 이처럼 규칙을 위반했을 때는 그 나라를 처벌할 기관이 없다. 세계 여러 나라가 서로 권고하고 비판할 수 있을 뿐이다. 국제연합 곧, 유엔(UN)이 이러한 일을 맡는다. 한 나라가 인권을 침해하면 유엔은 이를 막기 위해 노력을 기울인다. 그러나 그 나라에 책임을 물을 권한은 없다.

무엇이 사람을 사람답게 하는가?

금지된 일을 하고 나서 드는 무언가 찜찜한 느낌이 어떤 것인지 다들 잘 알 것이다. 그런 느낌이 드는 것은 그 행동이 잘못되었다는 사실을 스스로 정확하게 알고 있기 때문이다. 양심의 가책을 받는 것이다.

    사람은 대부분 잘못된 행동을 하기 전에 이미 무엇이 옳은 행동인지를 알려 주는 이성의 소리를 듣는다. 그러나 우리는 그 소리를 무시해 버린다. 그 결과 양심의 가책을 느껴야 하는 '벌을 받는다.' 양심과 이성은 사람이라면 누구나 태어나면서부터 가지고 있는 것이다. 유엔의 세계인권선언 제1조에서도 사람은 "이성과 양심을 가지고 있다"고 말한다. 바로 그것이 사람을 사람답게 한다.

    이쯤에서 강아지도 몰래 식탁 위 접시에 놓인 소시지를 훔쳐 먹다 걸리면 양심에 찔리기라도 한 듯 화들짝 놀라며 민망해한다고 반박할 수도 있다. 그런 상황에서 강아지는 정말로 아무 일 없었다는 듯 조용히 도망을 치든지 잘못했다는 시늉으로 바닥에 납작 엎드리기도 한다. 그러나 강아지가 그런 행동을 하는 건 처벌 때문이다. 물론 우리도 잘못했을 때 부모님이나 선생님 또는 다른 어른에게 야단을 맞을 거라는 짐작을 하고 미리 계산을 한다. 어린아이에게는 "안 돼!"하며 강한 말투로 경고하고, 조금 더 큰 아이에게는 간단하게 집게손가락을 펴서 손짓으로 안 된다는 사실을 알려 주기만 하면 잘못된 행동을 충분히 막을 수 있다. 강아지도 마찬가지이기는 하나 강아지는 왜 특정 행동을 해서는 안 되는지는 모른다. 어린이라도 이성에 따라 판단을 내릴 수 있는 나이가 되면 단지 야단맞는 게 무서워서 잘못된 행동을 스스로 자제하는 게 아니다. 그래서 받아들일 수 없는 금지 명령이 떨어지면 그 명령을 어기기도 한다. 그리고 어른들이 왜 그 일을 금지했는지 그 이유를 알고 싶어 한다. 때로는 나름대로 정당한 이유가 있어서 어른들이 정한 규칙을 지키지 않을 수도 있다. 그래서 토론을 하게 되고 (바라건대) 결국 더 정당하고 설득력 있는 이유가 있는 쪽이 '이기게 된다.' 이 경우 양쪽 모두의 이성이 이기는 것이다.

이성이란 객관적인 사실 즉, 우리가 옳다고 인식한 진실을 종합한다. 예를 들어 우리는 아주 빠른 속도로 달리는 자동차는 길을 가로막는 게 무엇이 되었든 다 치고 지나갈 수 있다는 사실을 안다. 또한 내 몸이 차와 부딪히면 크게 다친다는 것도 안다. 그렇다면 우리 이성은 빠른 속도로 달리는 자동차가 지나가는 도로에 가지 않는 것이 안전하다는 판단을 내린다.

이성은 우리가 관습과 도덕에 들어맞는 행동을 할 수 있게 해주기도 한다. 우리는 다른 사람을 때리면 그 사람이 고통을 느끼고 상처를 입는다는 사실을 알기에 폭력을 쓰

세계인권선언 제1조는 "…모든 사람은 이성과 양심을 가지고 있으므로 서로에게 형제애의 정신으로 대해야 한다"이다.

지 않는다. 또한 다른 사람이 나한테 주먹질하는 것을 바라지 않아서이기도 하다. 그런데도 우리는 누군가에게 폭력을 휘두르는데, 그것은 두 가지 이유에서 비이성적인 행동이다. 첫째로 상대방이 복수를 하거나 방어하려고 폭력을 쓸 수 있기 때문이다. 둘째는 적어도 싸움이 끝나고 나면 양심의 가책을 받을 뿐 아니라 처벌을 받을 수도 있기 때문이다.

사람만이 세상과 다른 사람들을 대하는 자신의 행동을 '이성'에 따라 통제할 능력이 있다. 강아지는 아무리 말을 잘 들어도 순전히 훈련받은 대로 행동할 뿐이지 스스로 생각하고 결정한 대로 행동하지 못한다. 그러나 사람은 무엇이 옳고 그른지, 무엇이 잘되고 잘못된 것인지를 판단할 수 있다. 그것이 바로 사람의 특징이다. '이성과 양심이 있다' 는 문구가 뜻하는 것이기도 하다. 모든 사람은 이러한 '능력'을 활용할지, 활용하지 않고 이성이 없는 것처럼 살지 선택할 자유가 있다. 그러나 아무리 이성을 포기한다 해도 양심이 움직일 것이고, 다른 사람들이 옆에서 자기 행동에 대한 책임을 지도록 만들 것이다.

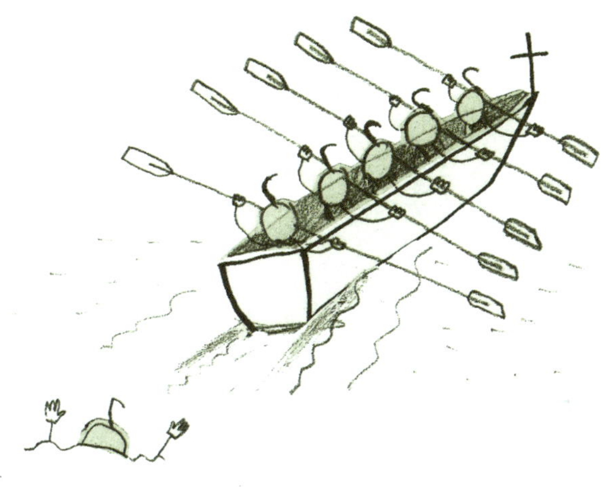

2장

인권 실현을 위한 긴 여정

인권 실현은 어디에서부터 시작되는가?

인간의 존엄성이나 인권이란 말은 어딘지 모르게 숭고한 느낌이 들며, '아주 높은' 누군가가 책임져야 할 문제인 것만 같다. 그러나 그렇지 않다. 인간의 존엄성이나 인권을 지키기 위해서는 우리 모두가 저마다 책임을 다해야 한다.

그 임무는 누구도 포기하거나 다른 사람에게 떠넘길 수 없는 것으로 나라도 대신해 줄 수 없다. '국가'는 사실 우리 자신이나 다름없기 때문이다. 더구나 국민이 자기 권력을 자기가 뽑은 대표에게 한때 양도하는 민주주의국가의 경우 더더욱 그렇다. 우리가 아는 민주주의국가라는 국가 형태는 인권에 대한 지식에서 탄생한 뒤 조금씩 발달했다. 인권은 인간이 인권을 인식하기 시작하고 나서 수십 년이 지난 뒤에야 지금의 형태를 갖추었다. 오래전 이야기가 아니다. 인권에 대한 인식을 하기 전 사람들은 인간으로서 존재한다는 것이 과연 어떤 의미가 있는지에 대해 고심했다. 인권은 20세기가 되어서야 보편의 권리, 그러니까 누구에게나 있는 권리로 인정받았고 그 결과가 바로 1948년 12월 10일 유엔이 채택한 세계인권선언이다.

1948년 12월 10일, 유엔이 세계인권선언을 채택했다. 해마다 12월 10일은 세계인권의 날이다.

36

당시 58개국으로 결성되었던 유엔은 오늘날 192개 회원국으로 구성되어 있다. 세계인권선언 채택과 함께 세계 각국은 역사상 유례없는 참사에서 많은 교훈을 얻었다. 1933년에서 1945년까지 12년 동안 아돌프 히틀러가 지휘한 국가사회주의는 인권을 짓밟고 스스로를 우월하다고 생각해 다른 의견을 가진 사람들을 죽이는 만행을 저질렀다. 이 범죄 뒤에는 국가만 있었던 것이 아니라 독일 국민이 있었다. 정권에 반대한 사람은 그리 많지 않았던 반면, 히틀러의 만행에 수백만 명의 독일인들이 협조하고 모른 척했고, 그 결과 뒷날 왜 히틀러를 막지 않았느냐는 비난을 받았다.

세계인권선언은 온 세계 모든 나라에 적용된다. 국가는 인권을 실현하고 보존하고 보호할 힘이 있기 때문이다. 나라마다 정부는 세계인권선언의 제30조를 반드시 지켜야 한다. 이 선언은 모든 개인, 모든 시민 또한 자기 자신과 다른 사람을 위해 인권 수호에 앞장설 것을 요구한다.

그렇다면 인권 실현은 어디에서부터 시작하는가? 이 질문에 엘리너 루스벨트 유엔 인권위원장은 1948년에 다음과 같은 답을 제시했다. "인권은 아주 평범하고 작은 곳, 바로 자기 집 근처에서부터 시작합니다. 너무나 가까운 곳이고 너무나 작은 곳이어서 세계 어떤 지도에도 표시되어 있지 않은 곳이지요. 그렇지만 개개인에게는 너무나 중요한 곳입니다. 바로 자기 집 주변, 자기가 다니는 학교나 대학, 자기가 일하는 공장, 농장, 사무실 같은 곳입니다. 세상 모든 사람들, 아이들까지도 차별받지 않고 동등한 권리, 동등한 기회, 동등한 존엄성을 가지는 곳입니다.

엘리너 루스벨트(Eleanor Roosevelt)는 미국의 시어도어 루스벨트 전 대통령의 조카이자 후임자인 프랭클린 델러노 루스벨트(Franklin Delano Roosevelt, 재임 기간 1933~1945) 전 대통령의 부인이기도 하다.

그곳에서 인권이 지켜지지 못한다면 다른 곳에서 인권을 이야기하는 것은 의미가 없습니다. 한 사람 한 사람이 몸소 나서서 자기가 사는 곳의 인권을 보호하지 않으면 더 나은 세상을 만들기 위한 우리의 노력은 헛일이 될 것입니다."

다시 말해 우리 모두 인권을 보호할 의무가 있다. 언제 어디에서나 인권이 침해되면 개입하고 문제를 지적할 의무도 포함된다. 이러한 개입의 의무는 특히 국가 제도를 상대할 때 실천되어야 한다.

자연권은 누가 발견했을까?

세상은 무엇으로 만들어졌을까? 눈에 보이는 사물 뒤에는 무엇이 있나? 약 3천 년 전 그리스의 철학자들은 이러한 질문에 대한 답을 찾기 위해 고뇌하기 시작했다. 그러다가 인간의 천성이 과연 무엇이냐는 질문에 다다르게 되었다.

이런 문제에 대한 해답을 찾는 데는 두 철학자, 플라톤(B.C. 428?~B.C. 347)과 아리스토텔레스(B.C. 384~B.C. 322)가 큰 공을 세웠다. 두 사람은 인간을 다른 생명체와 구분하고 특별하게 만드는 그것, 자연이 인간에게 특별히 선물한 그것이 무엇인지 밝혀냈다. 그것이 바로 이성이다. 이성은 다른 생명체와 인간을 분명하게 구별해 준다. 이성은 인간을 저마다 자기 개성대로 살고자 하는 인격체로 만들어 준다. 더 나아가 공동체 속에서 '자기만'의 삶을 살 수 있는 공동체를 형성하고 의사를 결정하는 데 참여하게끔 한다. 이 때문에 한 공동체나 사회는 규칙을 만들고 소속된 모든 구성원에게 규칙을 지키게 하는 것이다. 그렇게 해서 그리스에서 민주주의가 탄생하게 되었다.

민주주의란 국민이 지배한다는 뜻을 담은 말이다. 그리스의 도시국가인 폴리스(Polis)에서는 자유 시민이면 누구나 그 공동체 안에서 구성원들이 함께 사는 방식을 결정하는 데 참여할 수 있었다. 그리스인들은 세계에서 맨처음 평등이라는 개념을 도입했다. 물론 당시 그리스에서는 사람은 경제권이 있는 시민 즉, '자유 남성'을 뜻하는 것이었다. 여자나 어린이, 외국인이나 노예는 그런 뜻에서 사람이 아니었다.

이후 스토아학파는 평등이라는 자연권을 계승하면서 자유에 대한 권리를 추가했다. 키케로(B.C. 106~B.C. 43)와 같은 로마 시대의 주요 스토아학파 학자 또한 노예제도에 대해 지적했는데, 노예에게 일을 시키는 것은 인간의 존엄성을 훼손하는 일이라고 하면서 노예도 인간이라는 것을 인정했다.

플라톤(위)과 아리스토텔레스(아래). 둘은 인간이 다른 생명체와 구분되는 이성을 지닌 존재임을 밝혀냈다.

평등권은 신이 준 선물인가?

유대인들과 기독교인들이 믿는 성경에 따르면 신이 자신의 모습을 따라 인간을 만들었다고 한다. 기독교인들은 신이 자기 아들을 인간의 모습으로 인간 세상에 보내 주었다고도 믿는다. 이처럼 종교는 인간의 평등권이 신에게서 왔다고 본다.

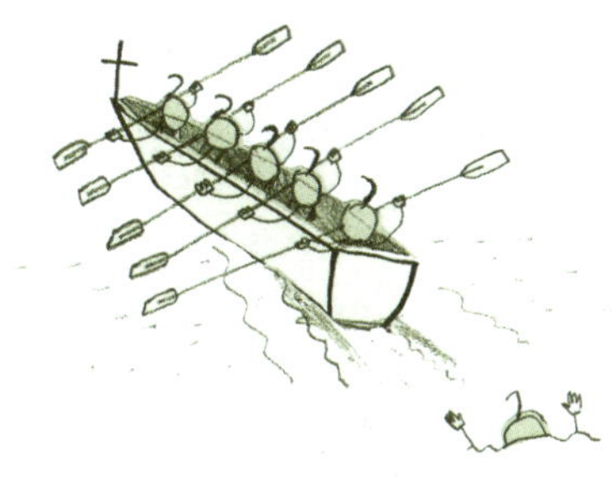

구약성경에 나오는 십계명은 인권 보호를 위한 지침서라고 볼 수도 있다. 십계명에는 생명 보호(살인하지 말라)와 재산 보호(도둑질하지 말라)에 대한 계명이 있다. 그렇지만 인권으로 볼 때 더 중요한 기독교 사상은 신이 가장 뛰어난 존재이므로 절대적 자유를 누리며, 인간은 이런 신의 모습을 반영하는 존재이므로 인간 또한 자유를 누려야 한다는 것이다. 오래전 기독교인들은 이러한 바탕 위에 스토아학파의 자유와 평등이라는 자연권 개념을 받아들여 자유와 평등은 자연이 아닌 신이 인간에게 준 것으로 여겼다. 기독교에서는 자연도 신의 창조물이기 때문이다. 신의 아들인 예수는 사람의 모습으로 세상에 나와 이 인권 개념을 다음의 계명으로 발전시켰다. "네 이웃을 네 몸과 같이 사랑하라."

그러나 고대 말 기독교가 로마의 국교가 되고 권력을 쥐게 되자 이웃 사랑에 대한 계명은 무의미해지기 시작했다. 교회는 비기독교인들의 자유와 평등을 빼앗아 갔다. 그리고 기독교인들의 자연권도 제한되었다. 그리스인들이 자연권이라고 믿었던 것, 종교에서는 신의 선물이라고 믿었던 것은 우리 인간이 인권에 대해 생각하던 것과 큰 차이가 있었다. 그러나 그리스인들이 주장했던 자연권과 종교에서 말하는 신의 선물이라는 개념 때문에 사람들은 인간을 인간답게 만드는 것이 무엇인지를 생각하게 되었고, 결국 인간의 권리를 발견해 나가기 시작했다.

대헌장은 무엇일까?

중세에는 교회가 신의 은총인 권력을 세속의 통치자에게 주었고 세속의 통치자는 이 '은총'을 더 '낮은' 곳에 나눠 주었다. 권력을 가진 영주들은 그 대신 신하와 농노가 어려움에 빠지면 도울 의무가 있었다.

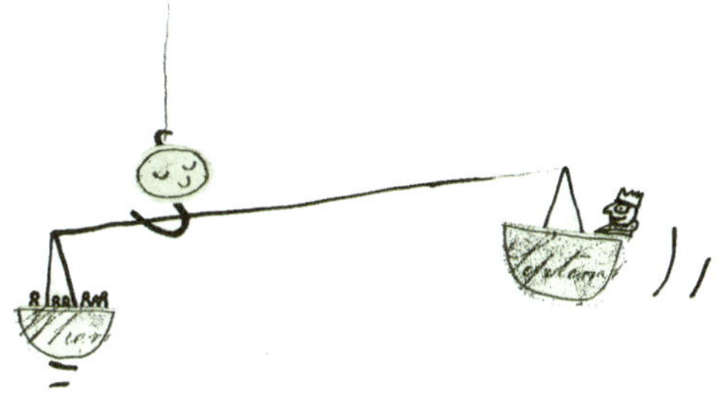

그러나 영주라고 해서 모두 자신이 누리는 권력을 고맙게 여기지는 않았다. 13세기쯤 영국에서는 뒷날 무지왕(無地王)이라 일컬어지는 존 왕이 영주들에게 많은 세금을 거둬들였다. 그것도 모자라 한 공작을 아주 잔인하게 처형하고 교황에게 대항했다. 그러자 영국의 영주들과 교회가 왕권에 맞서 일어났고, 왕은 1215년에 그들이 요구하는 자유를 보장해 주는 대헌장에 서명해야만 했다. 이 대헌장(Magna Carta Libertatum)은 역사상 처음으로 기본권을 규정한 법문이다. 대헌장은 세계 최초의 헌법을 위한 토대를 마련했고 인간에 대한 새로운 인식의 장을 연 중요한 계기가 되었다. 대헌장의 의의는 세금과 관세 징수에 대한 원칙을 밝히고, 무엇보다 봉건제도 아래서 봉신에게 자유와 재산 소유에 대한 권리를 보장해 주었다는 점이다.

영주에게 예속된 신하를 봉신(vassal)이라고도 했다.

"자유민은 포획, 구금될 수 없고, 재산을 몰수당하거나 무시, 추방, 공격을 당해서는 안 된다. 법에 따른 판결 없이 그 누구도 처벌하거나 투옥할 수 없다." 다시 말해 누구에게 예속되어 있지 않은 공정한 판사만이 자유민에게 벌을 내릴 수 있다.

대헌장은 왕족이 아닌 사람들도 법의 보호를 받고 어느 만큼의 자유를 누릴 수 있도록 보장해 주었다. 대헌장에 명시된 최초의 법은 모든 국민을 국가로부터 보호해 주었다. 헌법은 국가가 국민의 기본권을 침해하거나 변형하거나 폐지하는 것을 금지했다. 50년 뒤에 영국에서 처음으로 의회가 소집되었는데 초기에는 남자, 도시민, 기사만이 참석할 수 있었고, 1360년 이후에는 국민의 대표가 하원을 결성해 비록 초기에는 국가재정에 대해서만 논의했지만 뒷날에는 좀 더 다양한 정치적 사안에 대해 목소리를 냈다.

1215년, 영국의 존 왕이 대헌장에 서명하고 있는 모습(1864년 목각의 한 부분).

대헌장이 발표되고 4백 년이 지난 1679년, 대헌장에 명시되었던 '신체 자유에 대한 법적 보호'가 인신보호법에 의해 발전하게 된다. 인신보호법은 영국에서 재판과 판결 없이는 그 누구도 임의대로 구금할 수 없고, 한 범죄에 대해 이중 처벌할 수 없다고 규정한다. 10년 뒤에는 누구든 왕에게 자기 의견이나 억울함을 호소할 수 있는 '권리장전'까지 탄생했다.

대헌장과 인신보호법은 한 세기가 지난 뒤 미국과 프랑스에서 꽃을 피웠고 유엔의 세계인권선언으로 완성되었다.

누가 인간을 인간에게서 보호하는가?

영국에서 많은 사상이 발전했는데도 유럽의 군주들은 여전히 신이 국가 권력을 그들에게 주었고 백성을 지배하도록 허락했다고 믿었다. 그러나 국민들은 궁금해했다. '국가'란 도대체 무엇이고 왜 필요한가?

17세기에는 다시 고대의 자연권 사상이 부상했다. 다시 말해 모든 인간이 독립된 인격체로서 동등하다는 것이다. 그러나 도대체 누가 국가에게 지배할 권한을 주었던가? 영국의 철학자 홉스(1588~1679)는 사람들이 모여 결성한 공동체가 국가에게 권한을 주었다고 설명했다. 홉스는 인간이 서로 투쟁하는 늑대와 같다고 했다. 그래서 강력한 국가가 사람들이 서로를 파멸시키지 못하도록 통제해야 한다고 보았다. 홉스는 이런 국가를 성경에 나오는 괴물의 이름을 따서 '리바이어던'이라고 했다.

영국의 존 로크(1632~1704)는 인간을 좀 더 좋게 평가했다. 로크는 인간이 원래부터 생존, 자유, 재산에 대한 권리가 있다고 설명했다. 그래서 국가의 의의와 목적은 모든 사람들이 기본이 되는 이 권리들을 누

릴 수 있도록 감독하는 것이라고 했다. 로크는 사람들이 국가에게 권리
를 양도해 국가가 개인의 자연권을 보호해 줄 수 있게 했기 때문에 국
가는 그 자연권을 침해할 수 없다고 보았다.

프랑스의 장 자크 루소(1712~1778)는 홉스가 말한 지배
계약에 앞서 사람들이 공동체를 결성하기로 합의한 사회
계약이 먼저 이루어진다고 주장했다. 샤를 몽테스키외
(1689~1755)는 권력의 남용을 방지하기 위해 권력분립 개
념을 보탰다. 다시 말해 국가는 입법, 행정, 사법이라는 세 기둥으로 구
성된다는 것이다.

인권을 맨 처음 이야기한 사람은 누구일까?

대헌장에서부터 존 로크의 사상에 이르기까지 인간의 권리에 대한 개념을 발달시킨 영국은 기본권이라는 개념을 처음으로 도입했다. 하지만, 18세기 당시 식민지에 살고 있던 시민들은 그 권리를 누리지 못했다. 드디어 그들도 권리를 요구하기 시작했다.

유럽에서 아메리카로 이주한 사람들은 본국인 영국에서 요구하는 높은 세금과 관세를 거부했다. 그 뿐만 아니라 런던 의회에 의원을 파견해서 정치에 참여할 수 있는 시민권을 행사하지 못해 불만이 컸다. 이주민들은 존 로크의 사상을 근거로 영국과 맺은 지배 계약을 파기하고 1776년에 최초로 인권선언문을 발표했다. 그리고 같은 해 이주민들은 독립국가를 세웠다. 그것이 바로 미국이다.

미국 버지니아 주 권리장전(Virginia Bill of Rights)이라는 명칭을 가진 이 인권선언문은 미국 헌법의 토대가 되었다. "모든 인간은 평등하고 자유롭고 독립적인 존재로 태어날 때부터 가지는 권리가 있다. 인간은 사회를 구성해 그 어떤 결의로도 후손들이 누려야 할 그 권리를 막거나 폐지할 수 없다. 다시

1776년 6월 12일에 발표된 미국 버지니아 주 권리장전은 원래 미국 버지니아 주의 기본권 선언문이었다.

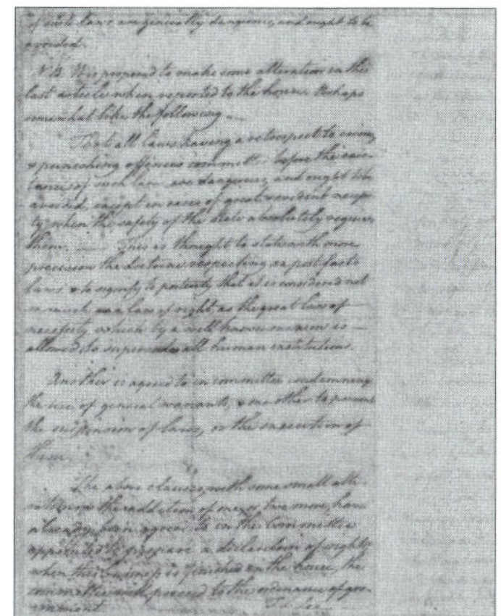

버지니아 주 권리장전은 인간의 생명권, 자유권, 재산권, 행복추구권을 최초로 규정한 인권선언문이다.

말해 생존과 자유를 영위할 권리, 재산을 축적하고 소유하고 행복을 추구하고 달성할 권리를 막을 수 없다." 미국 헌법은 이와 같은 내용으로 칸트가 말한 "행복 추구(pursuit of happiness)"를 최초로 인권으로 인정했다. 미국 헌법은 그 밖에도 집회의 자유, 언론의 자유, 이동의 자유와 같은 인권을 보장하며 이러한 권리를 청원할 권리와 법적 보호와 자유선거에 대한 권리 역시 보장했다.

청원(라틴어의 petere에서 나온 말로 '간절히 원하다'를 뜻함)은 국민이 국가에 요구하는 것이다.

# 프랑스인들은 무엇을 위해 싸웠나?

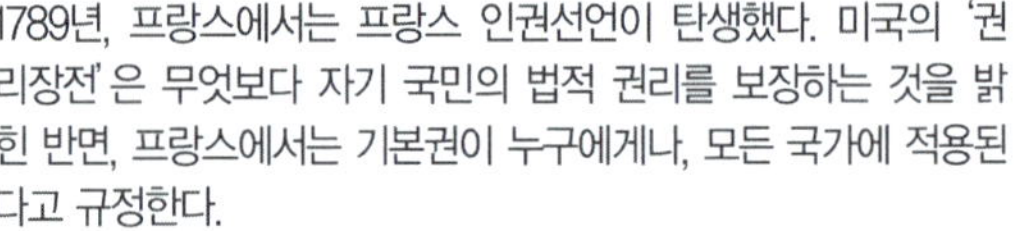

1789년, 프랑스에서는 프랑스 인권선언이 탄생했다. 미국의 '권리장전'은 무엇보다 자기 국민의 법적 권리를 보장하는 것을 밝힌 반면, 프랑스에서는 기본권이 누구에게나, 모든 국가에 적용된다고 규정한다.

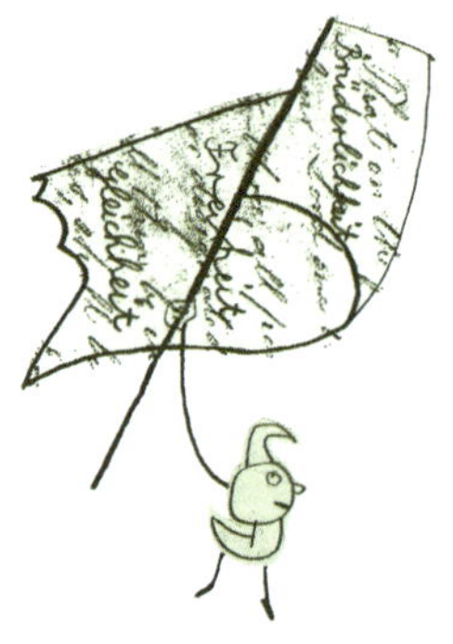

'자유, 평등, 박애(liberté, égalité, fraternité)'를 요구했던 프랑스 국민들은 왕을 몰아냈다. 그 사건으로 유럽 전체에 혁명이 일어났다. 1789년 8월 26일, 파리에서 열린 국민의회는 '천부불가침 인권'을 선언하고 자유, 안전, 억압 반대에 대한 권리가 '모든 정치적 결사'의 목적으로 설정되었다. 여기에서 자유란 '다른 사람에게 피해를 주지 않는 범위 내에서 무엇이든 할 수 있는 자유'를 말한다. 그리고 법은 '보편적인 의지'를 규정한 것이지 개개인의 의지를 반영한 것이 아니라고 했다. 이 때문에 누구든 법 앞에서는 평등한 것이다. '사상의 자유와 의견의 자유'는 '가장 고귀한 인권' 중 하나로 언급되었으며, 재산에 대한 권리는 "신성하며 불가침한" 권리라고 표현되었다. 즉, "공적인 이유가 있고 필요할 때에만", 그리고 당사자가 공정한 보상을 받을 때에만 제한할 수 있는 권리라는 것이다. 이러한 권리를 보장하지 않는 사회는 헌법 국가라고 할 수 없으며 인권을 침해하는 국가이다.

그러나 프랑스 혁명이 모든 사람들에게 동등한 권리를 보장한 것은 아니었다. 올랭프 드 구즈(Marie Olympe de Gouges)는 단두대 위에서 목숨을 잃었다. 당시 남자만 인권과 시민권을 누리는 것에 반대해 '여성권리선언'을 발표했던 올랭프 드 구즈를 처형한 사람들은 바로 혁명단원들이었다.

올랭프 드 구즈.

한국은 어떻게 해서 헌법 국가가 되었을까?

파리에서 채택된 인권선언을 토대로 많은 국가들이 기본권 보장의 내용을 담은 헌법을 만들었다. 한국에서는 1948년에 헌법이 만들어졌고 이후 여러 사건을 겪으며 여러 차례 개정되었다.

1945년에 제2차 세계대전이 끝나고 일제로부터 해방된 뒤, 한반도의 북쪽은 사회주의 진영을 대표하는 소련이, 한반도의 남쪽은 자본주의 진영을 대표하는 미국이 점령했다. 이에 따라 북쪽에서는 좌익 세력이, 남쪽에서는 우익 세력이 힘을 얻었고 통일 정부를 세우려는 사람들은 설 자리를 잃었다. 결국 1948년 5월 10일, 통일 정부를 만들려는 세력들이 불참한 가운데 헌법 제정을 위한 국회의원을 뽑는 선거가 실시되었고 이승만을 중심으로 한 보수파들이 주로 당선되었다. 이후 6월 1일 헌법기초위원회가 구성되었고 7월 12일 헌법안이 가결되어 7월 17일 남한에서 헌법이 공포되었다. 이렇게 만들어진 최초의 헌법을 '제헌 헌법'이라고 부른다.

이 제헌 헌법 제정 당시에 가장 격렬한 토론이 이루어졌던 내용은 바로 노동자가 기업의 이익을 평등하게 나누어 가질 권리가 있다는 '이익 균점권' 조항과 노동자가 기업의 운영에 참가할 수 있다는 '기업운영 참가권' 조항이었다. 제헌 국회의원들의 토론과 투표 끝에 결국에는 기 업운영참가권은 지워지고 이익균점권만 명시된 헌법이 통과되었다. 이 는 적어도 제헌 헌법이 노동자들이 기업의 이익을 평등하게 나누어 가 질 권리를 인권으로 인정하고 경제적 평등을 더 적극적으로 실현하려 고 했음을 의미한다. 비록 현실에서 큰 의미를 가지진 못했지만, 노동 자들의 인권을 적극적으로 보장하려고 한 것은 제헌 헌법이 앞서나간 부분이었다고 할 수 있다. 그러나 동시에 제헌 헌법은 국회가 대통령을 선출하지만 대통령은 국가원수이자 행정부 수반으로서 계엄 선포권과 긴급명령권 등의 막강한 권한을 가진 구조를 갖고 있었다. 이는 본래 일본 군국주의 헌법을 따른 것으로 이후 한국의 역사에서 대통령이 권 력을 남용한 계기를 만들어 준 조항이 되었다.

본래 대헌장이나 권리장전, 인권선언 등을 비롯해 기본 권 보장을 명시한 헌법은 사람들의 인권을 위한 투쟁의 역 사 속에 만들어진 것이다. 그러나 한국에서 헌법이 만들어 질 당시 헌법이나 그 안의 기본권은 외국의 제도를 수입해 온 것에 지나지 않았다. 제헌 국회는 헌법 제정을 새로운 나라를 세우 는 데 필요한 하나의 요식 행위 정도로 여겼을 뿐, 민주공화국이 지향 할 가치와 목표에 대해 사회 전체가 합의해서 만들어지는 최고 권위의 기본법을 제정하는 과정으로 생각하지 않았다. 사람들의 인권을 보장 하기 위한 기본권 조항들이 있었지만 형식적이고 장식적인 문구 정도로만 생각되었고 현실에서 이를 실현하는 데는 별다른 관심이 없었다.

결국 한국이 진정한 의미에서 헌법 국가가 되기까지는 많은 세월이 걸렸다. 이승만 대통령은 헌법을 마음대로 뜯어고치며 계속 대통령의 권력을 누리려고 했다. 그러자 이승만 대통령의 독재와 부정선거에 저항해 1960년에 4·19혁명이 일어났다. 이승만 대통령은 물러났고 헌법도 개정했다. 4·19혁명은 사람들의 뜻을 모아 국민주권을 실현하고 살아 있는 헌법을 만든 사건이었다. 이때 이루어진 제3차 헌법 개정에서는 언론출판·집회·결사의 자유를 보장하고 국민의 자유를 제한하는 유보 조항을 삭제하는 등 인권 보장을 강화하는 내용을 담고 있었다. 또한 이 헌법 개정에서는 대통령의 권력 남용을 막고 국회가 더 큰 권한을 가지는 의원내각제를 도입했다. 또한 그 직후 이루어진 제4차 헌법 개정에서는 이승만 대통령 당시 부정선거에 관련된 사람들이나 4·19혁명 때 국민을 죽이거나 다치게 한 사람 등 '반민주행위자'를 처벌할 수 있게 했다.

그러나 1961년 5·16 군사 쿠데타로 박정희가 권력을 잡으면서 한국 사회는 군사독재의 시대로 접어들었다. 박정희는 대통령의 권한을 대폭 강화하고 독재적 권력을 휘두를 수 있는 내용으로 헌법을 바꾸었다. 이후 한국 사회에서는 '국가 안보'라는 이름으로 사람들의 인권을 언제든 침해할 수 있게 되었다. 특히 1972년에 만들어진 '유신헌법'은 대통령에게 입법, 행정, 사법의 삼권을 집중시키고 국민의 기본권을 대폭 제한하는 내용을 담고 있었다.

박정희 대통령이 시해당한 뒤 다시 1979년 12월 12일, 12·12 군사

쿠데타로 전두환을 중심으로 한 신군부가 정권을 잡았다. 이후 새롭게 만들어진 헌법은 유신헌법의 독소 조항을 상당수 제거하고 국민의 기본권도 많은 부분 보장했으며 행복추구권이나 사생활의 자유, 환경권 등의 조항도 만들어졌다. 그러나 헌법을 보기 좋게 고쳤더라도 대통령 간접선거나 대통령의 국회해산권 등은 그대로 남아 있었고, 국민의 기본권에 관한 내용도 잘 지켜지지 않았다.

결국 1987년, 민주화와 인권을 요구하는 사람들의 목소리가 6월 민주화 항쟁으로 나타났다. 6월 민주화 항쟁의 성과로 헌법 개정이 이루어졌고, 이때 만들어진 헌법은 전에 비해 기본권 보장을 강화하고 대통령을 국민이 직접 선거로 뽑을 것, 그리고 대통령의 독재적인 권한을 약화시키고 국회의 지위를 강화시키는 것을 핵심으로 하고 있었다.

이처럼 민주주의와 인권 보장을 요구하며 국민을 위한 헌법을 만들기 위해 한국에서도 수많은 사람들이 싸워 왔다. 그런 역사를 거쳐 한국은 비로소 어느 정도는 진정한 의미에서 헌법 국가가 된 것이다.

세계인권선언은 어떻게 태어났을까?

어떻게 해야 세상에 평화가 찾아올까? 인권이 보장되어야만 가능하다! 유엔은 1948년에 이 사실을 인정했다. 3년 전인 1945년에 유엔을 결성한 국가들은 세계인권선언을 발표하고 이 선언의 내용을 스스로 나서서 지키기로 했다.

이미 히틀러가 인권을 짓밟고 있었을 당시 미국의 프랭클린 델러노 루스벨트 대통령은 1941년에 자유만이 평화를 보장해 준다고 강조했다. 루스벨트는 자유를 의견의 자유, 종교의 자유, 공포와 결핍으로부터의 자유라는 네 가지로 구분할 수 있다고 했다. 여기에서 공포로부터의 자유란 전쟁의 위협에서 자유로워야 한다는 뜻이기 때문에 이 자유를 보장하기 위해 세계의 모든 나라는 무기를 버려야 한다고 했다. 루스벨트는 결핍으로부터의 자유란 개인이 경제적 안정을 누려야 하는 것이라고 설명했다. 루스벨트는 세계 최초로 사회적 안전이 인권에 포함된다고 했다.

루스벨트가 말한 네 가지의 자유를 토대로 유엔은 세계인권선언을 작성했다. 사람들은 히틀러가 저지른 만행을 인간이 저지를 수 있다고는 상상조차 하지 못했다. 세계인권선언의 전문이나 30개 조항에서는 그 일들을 낱낱이 밝히고 있지는 않다. 굳이 언급하고 싶지 않은 인간의 치욕스러운 모습이며, 누군가 가 그러한 일을 흉내 내는 것을 방지하기 위해 그 잔혹했던 히틀러의 만행을 세계 역사상 가장 중요한 문서가 된 세계인권선언에 하나하나 기록하지는 않았지만 선언문을 읽으면 인간의 잔인한 면을 유추할 수 있다.

58개 유엔 회원국이 요청하고, 이집트, 호주, 벨기에, 칠레, 중국, 프랑스, 영국, 인도, 이란, 옛 유고슬라비아, 레바논, 파나마, 필리핀, 옛 소비에트연방, 우크라이나, 벨라루스, 우루과이, 미국의 대표 18명이 2년에 걸쳐 고심하고 논의하고 단어 하나까지도 신중하게 선택해 인간이 존엄하게 살기 위해 필요한 모든 조건들을 정리했다. 또한 개인이

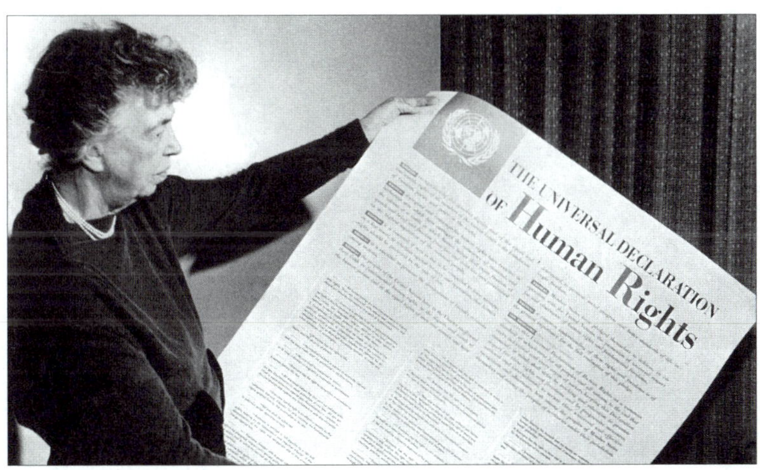

유엔의 세계인권선언문을 들고 있는 엘리너 루스벨트.

국가의 횡포로부터 보호받을 수 있는 조건과 세계 각국이 모든 사람들의 권리 보호를 위해 해야 할 일들을 정리했다. 루스벨트 대통령의 부인인 엘리너 루스벨트가 중심이 되어 세계인권선언이 완성되었다. 그런데 자유를 네 가지로 정리하고 유엔 결성 과정에 참여한 장본인인 루스벨트 대통령은 정작 유엔 설립을 보지 못하고 제2차 세계대전이 끝나기 며칠 전에 죽었다.

1948년 12월 10일, 파리에서 열린 유엔총회에서 세계인권선언은 8표의 찬성을 얻어 만장일치로 채택되었다. 오늘날에는 192개 국가가 이 선언에 동참해서 모든 인간이 생존, 자유, 안전에 대해 똑같은 권리가 있다는 것을 천명한다.

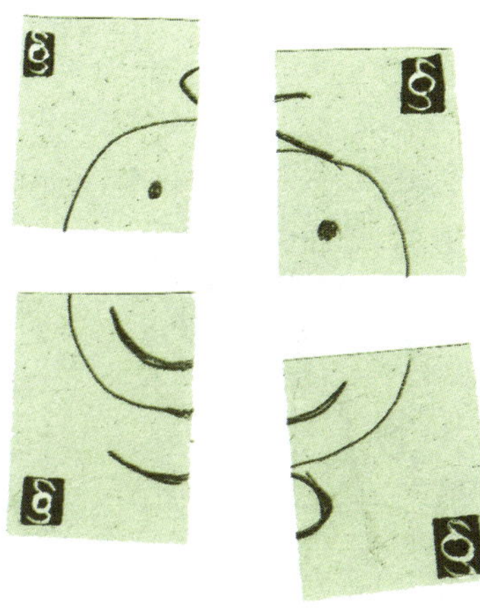

3장

새로운 세대의 인권

 인권 3세대는 누구일까?

생각이 사상을, 사상이 행동을 낳았다. 인간이 자기 권리를 발견하고 실현하기까지 거의 3천 년이란 세월이 걸렸다. 오늘날 우리는 인권의 3세대라 일컬어진다.

인간이 사람은 어떤 권리를 가지며, 그 권리들이 서로 어떻게 연결되어 있는지 알아내기까지 3세대 이상이 걸렸다. 권리는 마치 가족과 같다. '할아버지, 할머니'가 없었다면 '부모님'도 없었을 것이고 '부모님'이 없었다면 '아이들'도 없었을 것이다.

모든 세대는 저마다 특징이 있고 앞선 세대의 유산들을 물려받아 새로운 것을 더해 다음 세대에게 전수한다. 젊은 세대는 위 세대에게서 삶의 모든 부분을 배운다. 그리고 위 세대는 자기가 이룩한 것들을 자녀와 그 후손들이 계승하고 발전시키리라는 것을 믿기에 고생하고 노력하는 게 헛되지 않다는 것을 안다. 우리는 우리의 행동이 다른 사람의 삶, 먼 미래의 누군가의 삶에 영향을 미칠 수 있다는 것을 알게 되었다. 인간은 처음으로 과학과 기술의 발전이 과연 인류의 앞날을 보장하는지 아니면 파괴하는지를 점검해 보기 시작했고, 그 모든 발전이 인권에 이바지하게 하려면 인간이 해야 할 일이 무엇인지 생각해 보기 시작했다.

인권을 '가족'에 비교하면 시민적·정치적 자유권은 1세대 인권이라고 할 수 있다. 자유권은 고대 철학자들이 발견한 권리로 당시 철학자들은 인간이 정치적 존재라고 정의했다. 즉, 누구나 국가를 형성할 권리가 있다고 했다. 그리스인들은 역사상 처음으로 인간에게 존엄성이 있다고 설명했다. 자유권은 모든 인간에게 있는 권한으로 우리가 어떻게 살지를 공동으로 결정할 권한이며 몇 사람이 다른 사람 위에 군림하지 못하도록 막아 주는 권한이다. 자유와 평등은 인간의 존엄성을 보장하는 핵심 개념이다. 그러나 자유도 생존이 보장되어야 누릴 수 있다. 직업이 있고 먹고사는 문제가 해결된 사람, 다른 사람에게서 피해를 입지 않고 안전하게 사는 사람만이 인간의 존엄성을 유지할 수 있는 자유가 있다.

또한 사람은 세상을 이해해야만 자유로울 수 있다. 지식은 힘이고 인간은 누구나 지식을 습득해 '힘을 축적'할 권리가 있다. 이러한 사실에 대한 인식은 17세기와 18세기에 '계몽'으로 시작되었다. 그렇게 해서 사람은 경제적·사회적·문화적 권리를 깨닫게 되었고 그것을 깨달은 세대가 바로 인권 2세대이다.

인권 1세대와 2세대는 개인과 국가 사이의 관계를 정립했다. 자유권이 우리를 국가의 횡포로부터 보호하며, 우리에게 의견을 자유롭게 밝힐 권리와 선거권을 보장해주었다. 사회적·문화적 권리는 국가에게 모든 국민이 안전하게 살고 교육받을 수 있는 사회를 만들도록 했다. 그렇게 해서 의무교육이 탄생했다.

이제는 세계 모든 나라가 공동의 책임을 지는 시대가 되었다. 한 나라가 다른 나라한테 위협을 받거나 외부 세력에게 간섭을 받으면 자기 나라의 일을 주체적으로 결정할 수 없다. 그리고 자기 나라의 생활 터전이 보장되어야만 그 국가의 발전도 가능하다. 그렇기 때문에 모든 국가는 서로 침범해서는 안 되는 것이다. 인권 3세대는 이러한 집단적 인권 세대를 말한다.

무엇이 우리를 국가로부터 보호하는가?

누구도 사람을 고문하거나 죽이거나 이유 없이 가두거나 멸시하거나 노예로 부릴 수 없고 또한 자기 양심에 거리끼는 행동을 하도록 강요할 수 없다. 국가는 더더욱 그럴 수 없다. 자유권은 국가의 횡포로부터 우리를 보호한다.

"모든 사람은 자기 생명을 지킬 권리, 자유를 누릴 권리, 그리고 자신의 안전을 지킬 권리가 있다." 이것이 세계인권선언 제3조의 내용이다. 여기에서 말하는 안전이란 신체와 정신을 포함한 완전한 인격체로서 누려야 할 안전을 말한다. 그래서 이 자유권을 인격권이라고 할 수 있다.

인격권은 국가의 행동에 한계를 정해 국가가 개인의 삶에 지나치게 개입하지 못하게 한다. 누구도 국가의 이름으로 사람 위에 군림할 수 없고, 누구를 마음대로 가두거나, 의견을 말하지 못하게 입을 막거나 정신적 피해를 입힐 수 없다. 경찰은 범죄를 달리 막을 방법이 없거나 공격을 당해 스스로 보호해야 하는 상황에서만 방망이를 휘두를 수 있다. 그리고 오로지 판사만 공정하게 재판을 해서 범인을 감옥에 보낼 수 있다. 판결을 받은 범죄자가 감옥에 갇히더라도 인간으로서 누려야 할 존엄성을 침해받아서는 안 된다. 사람을 죽인 살인자라고 해도 인권을 보호받을 권리가 있다. 자유권과 인격권은 벌써 4백 년 전에 선언한 인신보호법에 뿌리를 두고 있다.

그러나 자유권과 인격권을 온 세계가 실제로 받아들이게 된 때는 20세기에 들어와서다. 이 권리로 인해 우리는 국가에 대한 방어권을 갖게 되었다. 방어권은 히틀러와 같은 폭군의 횡포를 단호히 거부할 수 있는 우리의 권리다. 나치는 국가의 이름으로 종교나 사상이 다른 사람, 유대인과 소수자를 감시하고, 무시하고, 체포하고, 가두고, 노예처럼 부리다가 죽였다.

언론과 정보의 자유가 왜 필요할까?

국가란 무엇인가? 우리 모두가 국가이다. 그렇기 때문에 우리가 국가를 "만드는 것이다." 세계인권선언 제21조에서는 이렇게 설명한다. "국민의 의지는 공권력의 권위를 위한 토대를 형성한다."

그럼 이 의지는 어떻게 형성되는가? 시민적 · 정치적 인권의 핵심은 세계인권선언 제21조에 설명되어 있다. 시민적 · 정치적 인권은 정보와 의견의 자유를 보호한다. 의견을 형성하고 싶은 사람은 먼저 정보가 있어야 한다. 때문에 정보의 자유와 언론의 자유를 인권으로 여긴다. 그 어떤 국가도 언론에 영향을 행사해 국민들에게 알려 줄 정보를 제한하거나 골라내서는 안 된다. 현실에서는, 심지어 민주주의국가에서도 국가들이 이러한 통제를 시도하려고 한다. 자기 잘못을 드러내기 좋아하는 사람이 어디 있겠는가? 언론과 정보의 자유는 국가가 자기 잘못을 덮어 버리는 것을 막고, 국민들이 방어권을 발휘해 국가의 잘못에 대응할 수 있게 해주는 가장 중요한 수단이다.

그러나 자유로운 의견이 형성되려면 더 많은 조건이 채워져야 한다.

학급이나 친구들 사이에서 공동의 관심사나 목표가 무엇인지 알아내기 위해서도 서로 솔직하게 이야기를 나눠 봐야 한다. 그래야만 모두가 원하는 목적을 이룰 수 있다. 국가에서 하는 일도 마찬가지이다. 그래서 집회의 자유, 정당을 만들 자유 모두 인권에 속한다. 물론 이러한 자유를 강제로 행사하게 해서도 안 된다. 국민은 정당이 내놓은 제안을 평가하고 누가 국민의 의지를 실현해 줄지를 선택한다. 그렇기 때문에 자유선거 또한 인권이다. 그리고 국민 모두 스스로 국민의 대표로 나설 권리도 있다.

경제적·사회적·문화적 권리란 무엇일까?

"돈이 전부는 아니지만 돈 없이는 안 된다"는 말이 있다. 돈이라는 낱말은 인간이 살기 위해 필요한 음식, 음료, 집, 건강, 교육의 기회 따위를 상징해서 나타낸다.

그리고…… 이왕이면 돈은 많을수록 좋다! 물론 재산을 모으는 것은 국가가 상관할 일이 아니고 개인이 저마다 노력해서 이룰 일이다. 국가는 단지 개인이 그럴 수 있도록 도구와 방법을 제공해 주면 그만이다. 인권이 보장되는 삶의 '망치와 모루'는 사회적·경제적·문화적 권리인데, 세계인권선언에서는 그 권리가 '자유로운 개인의 발전을 위해 필수적'이라고 설명한다. 국가는 법으로 국민 모두가 이 권리를 누릴 수 있도록 보장해 주어야 한다. 이것이 국가가 존재하는 이유이기도 하다.

경제적 권리에는 노동의 권리와 실업 보호에 대한 권리도 포함된다. 다시 말해 국가는 국민이 필요할 경우 일자리를 제공해 주어야 한다는 것이다. 국가가 나서서 한 사람 한 사람을 위한 일자리를 만들어 주어야 한다는 뜻이 아니라 일자리가 충분히 생길 수 있도록 여건을 만들어야 한다는 뜻이다. 국가는 그 밖에도 국민이 노동에 대한 정당한 임금을 받을 수 있게 보장해 주어야 한다. 누구나 똑같은 일을 했으면 똑같은 임금을 받아야 한다. 그 누구도 착취당하거나 인권이 침해되는 일을 강제로 할 수는 없다.

사회적 권리는 실업, 질병, 노화 때문에 생기는 위기에서 보호받을 권리를 말한다. 한국의 경우 사회보장망(의료보험, 연금보험, 실업 급여)을 구축했다. 국가는 이 망을 '짜서' 모든 국민이 '금고'에서 일정한 액수의 돈을 받게 한다. 사회적 인권을 보장하기 위해 국가는 어머니와 아이들을 위한 특별한 지원도 해야 한다. 아이들은 어른보다 더 많이 보호받아야 하는 존재이고, 어머니는 모든 아이들이, 더구나 어렸을 때 반드시 필요한 존재이기 때문이다.

문화적 인권은 모든 사람이 교육을 받고, 자기 자신을 예술적으로 표

현하고 예술의 도움을 받아 자기 생각을 드러낼 권리를 말한다. 교육에 대한 권리 때문에 모든 국가는 자기 국민이 적어도 초등교육을 받을 수 있도록 해야 하는 것이다. 그래서 의무교육이라는 것이 존재한다. 세계 인권선언 제26조는 모든 사람은 교육받을 권리를 행사해 독립된 존재로 발전해야 하며, 국가는 국민이 교육받을 권리를 보장해 사람한테 있는 권리에 대해 교육하고 다른 사람의 권리를 존중해야 한다는 사실을 가르친다.

집단적 인권이란 무엇인가?

환경오염으로 인한 질병, 석유를 둘러싼 전쟁, 미성년자의 노동, 결핍. 이 모든 것은 국가가 가난해서 인간의 존엄성을 보장하지 못하기 때문에 생긴다. 세상이 인권 3세대의 권리를 침해하면 인간은 고통받는다.

3세대 인권은 아직은 새로운 개념으로 이에 대해 다양한 의견이 있다. 집단적 권리인 이 인권은 세계 모든 국가가 서로에 대한 책임의식을 가져야 한다고 촉구한다. 집단적 인권은 지구에 사는 모든 나라가 자기 나라 국민의 이해만을 생각하지 않고 다른 나라 국민에게 피해가 가지 않도록 행동할 때 실현될 수 있다. 우리는 한 나라의 정치가 그 나라 밖에 사는 사람들의 삶에도 영향을 미친다는 사실을 알고 있다.

1948년에 발표된 세계인권선언에서는 이를 연대권이라고 해 제28조에 명시했다. "모든 사람은 이 선언의 권리와 자유가 온전히 실현될 수 있는 체제에서 살아갈 자격이 있다."

연대('전체'라는 뜻이 담긴 라틴어의 solidus에서 나온 말)란 모두를 고려하는 것, 함께 행동하는 것, 그래서 개인의 행동이 전체에 이바지하는 것을 뜻한다.

무엇보다 저개발 국가들이 이 권리를 보장해 줄 것을 요구하며 실현하고자 노력한다. 저개발 국가들은 가난이 과거 식민 지배 때문이라고 설명한다. 식민 지배 시대에는 이른바 제3세계라 일컬어지던 지역을 유럽 강대국들이 정복하고 지배했다. 식민 지배를 당하던 나라들은 20세기 중반 모두 독립했지만, 유럽 강대국들이 편리한 대로 그 나라들의 국경을 정해 버렸다. 그리고 독립하는 과정에서 권력이 빈 때를 외국의 대기업들이 이용하기도 했다. 그 결과 저개발 국가가 자기네 나라에서 생산한 제품을 세계시장에 선보이는 것조차 힘들어졌다.

　또한 우리가 석유를 확보하기 위해 끝없는 욕심을 부리기 때문에 제3세계 국가에 사는 사람들의 삶이 더 힘들어졌다. 석유를 사려는 사람이 많아져서 석유 가격은 치솟았다. 가난한 나라들이 겨우 석유를 손에 넣

원전 폐기물을 살피고 있는 환경단체 '그린피스' 회원들. 3세대 인권은 개인 뿐 아니라 인류와 지구의 미래까지도 포함하는 개념이다.

을 수 있을 때가 되면 석유는 아마도 바닥이 나 있을 것이다. 우리가 어떤 물건이든 최대한 싼 가격에 사려고 욕심을 부리기 때문에 가난한 나라의 노동자들은 말도 안 되게 적은 임금을 받으며 인권이 짓밟히는 환경에서 일을 한다. 너무 가난해서 아이들도 돈을 벌어야 하기 때문에 아이들은 학교에 다닐 수 없다.

연대권은 말 그대로 함께 행동할 것을 요구한다. 환경보호도 연대권을 보장하기 위한 한 가지 과제다. 우리는 지구에 사는 일부 사람들이 배기가스를 뿜어내기 때문에 지구 전체가 기후변화로 몸살을 앓고 있다는 사실을 배웠다. 연대권은 개발에 대한 권리, 자원 보호, 지구의 평화도 포함한다. 인간의 존엄성뿐 아니라 지구의 미래와 인류의 생존도 3세대 인권으로 결정된다.

왜 모든 권리는 서로 연결되어 있을까?

무엇이 더 중요할까? 자유일까, 평등일까? 밥을 많이 먹고 배가 부른 게 더 좋을까, 많이 배워서 머리가 똑똑한 게 더 좋을까? 좋은 직장과 건강 중 무엇이 더 중요할까? 여러 인권을 놓고 어떤 것이 더 중요한지를 따지는 것은 의미가 없다. 모든 인권은 서로 연결되어 있기 때문이다.

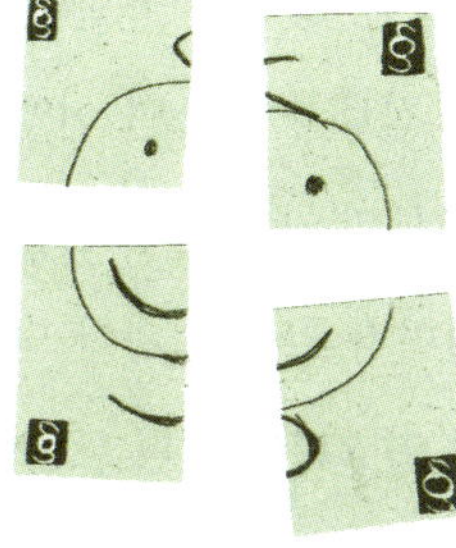

생명은 인간이 받은 선물 가운데 가장 귀중한 것이다. 그러나 자유 없이 배고픔과 질병과 다른 사람의 횡포를 두려워하며 살아야 한다면 생명이 귀중한 선물이라는 생각이 들까? 세계인권선언의 30개 조항에는 인간이 존엄한 삶을 살기 위해 보장받아야 하는 게 무엇인지 나타나 있다. 세계인권선언을 찬찬히 읽어 보면 어째서 한 가지 인권만 따로 보장될 수 없고 언제나 모든 인권이 함께 보장되어야만 하는지 알 수 있다.

모든 인권은 독립된 존재라는 속성이 있는 인간에게 중요하다. 사람은 자유와 안전을 보장받아 자기 자신의 가능성을 발견하고 활용하고 개발할 때에야 비로소 자신의 개성을 더욱 발전시킬 수 있다. 이러한 권리는 서로 떨어지거나 나뉠 수 없으면 동시에 자기 자신을 제한하기도 한다. 개인의 자유가 다른 사람이 인간으로서 갖는 평등한 권리를 행사하는 데 방해가 된다면 그 자유는 제한받는다. 국가는 국민들에게 다른 사람의 자유와 권리를 침해하지 않도록 일정한 한계를 제시하고 그 누구도 그 한계와 경계를 넘지 않도록 감시한다.

참여에 대한 권리는 자유선거에 대한 권리이다. 그러나 이 권리를 행사하기 위해서는 글을 읽고 학습할 수 있는 능력이 있어야만 한다. 그렇지 않으면 정보를 수집할 수 없기 때문이다. 정보가 없으면 어떻게 선거를 하는지, 후보가 누구인지 알 수 없다. 언론의 자유 또한 글을 못 써서 자기 생각을 퍼뜨릴 수 없다면 아무런 의미가 없는 개념이 되어 버린다. 결국 한 가지 권리가 다른 여러 인권과 연결되어 있다.

다음 세대에는 어떤 변화가 일어날까?

교육받을 권리에 인터넷을 사용할 권리도 포함되는가? 문화적 가치를 보호한다고 할 때 사람을 월드와이드웹(www) 속의 '더러움'에서 보호하는 것도 포함되는가? 생명에 대한 존중이 유전자 연구에 대한 인정도 말하는가?

유엔이 1948년에 세계인권선언을 발표할 때만 해도 이러한 고민을 할 필요가 없었다. 그러나 이제는 인터넷의 발전으로 사람들은 정보를 제한 없이 얻을 수 있게 되었고 동시에 다른 사람을 증오, 비방하고 거짓말하는 방법도 다양해졌다.

오늘날에는 질병을 물리치기 위해 과학자들이 유전자를 조작해서 새로운 생명체나 인간을 원하는 대로 만들어 낼 수 있게 될 것이라고 한다. 전화기를 들면 지구 반대편에 사는 상담원과 통화를 할 수 있는 세상이 되었다. 잡지에서 벌거벗은 사람들의 사진을 흔히 볼 수 있게 되었다. 몇십 년 전만 해도 잡지에 그런 사진이 실렸다면 그 모습을 보는 사람은 당황하고 상처를 받았을 것이다. 어떤 문화권에서는 오늘날에도 그런 사진을 공개하는 것이 금지되어 있다. 하지만 그런 곳에서도 누구든 컴퓨터를 이용해서 자기가 보고 싶은 사진을 볼 수 있다.

자, 여기에서 무엇이 우리의 인권을 어떻게 침해하는지 알아보자. 야한 사진을 잡지에 싣지 못하게 하는 사람이 정보에 대한 자유를 침해한다고 보아야 할까, 아니면 그런 사진을 인터넷에 퍼뜨리는 사람이 문제일까? 만약 내 전화를 받은 상담원이 비인간적인 조건에서 일하고 있다면 어떨까? 그럼 전화를 건 내가 잘못인가? 상대방이 도움을 바라는지, 어떤 조건에서 일하는지 전혀 모르는 내가 상대방의 인권을 짓밟은 것일까? 생명은 어떤 상태에서 시작되며, 우리는 생명을 어디까지 보호해야 하는가? 배아의 세포 속에도 생명이 있다고 해야 하나, 아니면 아기가 태어나 첫 울음을 터뜨리는 순간부터 아기를 인간으로 인정해야 하나?

인권은 바뀌지 않지만 인간이 살아가는 세상의 상황과 환경은 바뀐다. 때문에 우리는 늘 의문 속에 산다. 인간이 존엄성을 보장받을 수 있는 삶을 위해 우리는 어떻게 해야 하는가?

4장

세계의 양심, 유엔

양심에 따르는 연합인가, 비겁한 연합인가?

한 대통령이 다른 나라 대통령을 비난하면서 화를 이기지 못하고 신발을 집어 들어 단상을 내리쳤다. 한 정치인이 다른 정치인에게 평화의 상징인 올리브 나무 가지를 선물하면서 안주머니에는 총을 지니고 있었다.

유엔이 항상 이런 것은 아니다. 물론 192개 회원국(2008년 기준) 대표들이 평화와 인권 문제를 놓고 이야기할 때면 가끔 의견이 갈리기도 한다. 신발로 단상을 내리친 정치인은 고르바초프 러시아 대통령이었고, 가슴에 총을 품고 있던 사람은 아라파트 팔레스타인 정부 수반이었다. 벌써 수십 년 전 이야기이고 세계에서 가장 중요한 (평화) 회의인 유엔총회가 결성되기 전 일이었다. 이 두 예는 한 나라의 대표들도 서로 의견이 다를지라도 상대방을 존중해야 한다는 것을 가르쳐 준다. 조금 예의에 어긋나는 행동은 상대방에게 주먹을 날리는 것보다는 그래도 낫다. 그래서 유엔은 1년에 한 번, 또는 필요할 때마다 뉴욕에 있는 유엔본부에 전 세계 지도자들이 모여 총회를 연다.

유엔은 '세계의 양심'이라 일컬어지는 인권 문제에 관해서도 그렇

다. 전쟁 주동자나 고문을 일삼는 사람들은 다른 국가나 유엔총회에서
그 문제를 공개적으로 들춰내고 공격할 거라는 사실을 알아야 한다. 그
러나 유엔은 범죄자를 단번에 제재할 힘은 없다. 모든 유
엔 회원국은 자기네 나라의 주권을 그대로 유지하기 때문
에 아무리 유엔이라도 한 나라의 내정에 간섭할 수는 없
다. 그래서 유엔을 비판하는 사람들은 유엔이 불의를 저지
르는 나라를 단호하게 제재하지 못하는 비겁한 모임일 뿐
이라고 한다. 그러나 적어도 유엔이 1948년에 세계인권선
언을 발표하고부터는 '비겁한 연합'이라는 오명을 조금 씻
을 수 있었다.

　아주 천천히 걷는 사람이라도 결국에는 앞으로 나아간다. 유엔의 세
계인권선언은 선언문일 뿐이기 때문에 개인이나 국가가 내용을 위배한

뉴욕에서 열리는 유엔 총회의 모습.

다고 해서 법으로 제재하지는 못한다. 반면 여러 협약과 조약의 경우는 다르다. 조약이나 협약에 서명을 한 사람은 다른 사람의 감시를 받게 된다.

유엔은 그 어떤 국가도 강제할 수 없다. 그렇지만 지난 몇 년 동안 범죄 국가를 압박하는 데 성공했다. 유엔에서 하는 가장 중요한 일은 인권을 위배하는 자들에게 잣대를 들이대며 유엔의 무기인 말로써 대응하는 것이다. 그것이 유엔 외교의 기본 원칙이다. 만약 이 모든 게 소용없게 되면 유엔 안전보장이사회가 무역 거부 같은 규제를 가하거나 평화유지군을 파견하는 방법을 동원한다. 인권 감시를 위해서는 별도로 '고등판무관'이 있다.

규제(라틴어의 saction에서 나온 말)는 법이나 규칙에 위배되는 행동을 할 때 법적인 위협이나 제재를 하는 것이다.

협약과 조약은 어떤 효과가 있을까?

인권을 보장해야 한다는 건 누구나 아는 사실이지만, 그렇게 하려면 과연 어떻게 해야 할까? 모두가 최선을 다해야 하며 서로 힘을 합쳐야 한다! 이것이 협약을 맺는 이유이다. 협약에 서명하는 것은 실제로 행동하겠다고 약속하는 것이다.

　　세계인권선언의 내용은 다양한 협약에 따라 현실에서 실천된다. 그러나 모든 국가가 모든 협약에 가입하지는 않는다. 조약에 서명한 국가만이 다른 국가의 감시를 받으며, 조약을 위배했을 때는 유엔 앞에서 해명하고 질문에 답해야 할 의무가 있다. 사회적 규약이라고 하는 '경제적 · 사회적 · 문화적 권리에 관한 국제 규약'에는 145개국이 서명했다. 시민적 규약인 '시민적 · 정치적 권리에 관한 국제 규약'에는 148개 국가가 서명했다. 사회적 규약에 서명한 모든 국가는 다른 국가에 항의할 권한이 있을 뿐 아니라 서명 국가에 속한 모든 개인은 개인 제소를 할 권리가 있다. 그래서 국가가 인권을 침해할 때는 이 사실을 유엔 인권이사회에 호소할 수 있다. 모든 일은 한번에 해결되기 힘들기 때문에

> 조약(라틴어의 convention 에서 나온 말)에는 합의라는 뜻이 있다.

> 세계인권선언, 사회적 규약, 시민적 규약은 유엔의 인권 헌장을 구성한다.

인권 침해 요소가 있는 국가에게는 일정 기간을 주어 잘못을 고치게 한다. 대신 그 국가는 언제까지 어떤 부분들을 개선할지 '계획표'를 제출해야 한다. 만약 그 계획을 지키지 않으면 인권이사회에서 조언을 한다.

사회적 규약과 시민적 규약뿐 아니라 인종차별, 고문, 여성 차별, 아동의 인권과 관련된 협약들도 있다.

유엔 인권위원회는 언제 누구에게 잘못을 지적할까?

누구든 국가가 개인의 인권을 침해하면 유엔 인권위원회에 이 사실을 고발할 수 있다. 여기에서 소개한 몇 가지 예에서도 알 수 있듯이 신체에 해를 입거나 생존에 위협을 느꼈을 때만 고발하는 건 아니다.

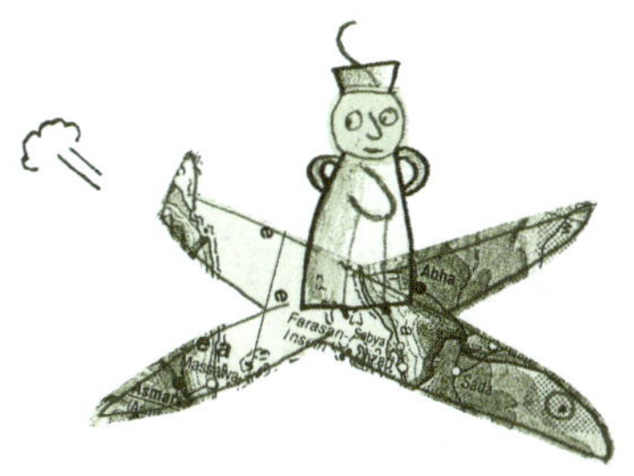

오스트레일리아의 조종사들은 항공사가 조종사 은퇴 나이를 60세로 정하자 유엔 인권위원회(HRC)에 이 사실을 고발했다. 위원회에 소속된 전문가 18명은 조종사를 해고하는 이유가 단지 나이 때문이어서는 안 된다고 결정했다. 호주 조종사들은 항공사가 자신들을 나이 때문에 차별했다고 호소했던 것이다.

시민적 규약에 서명한 모든 국가의 시민은 국가가 개인의 권리를 침해할 때 이 사실을 유엔 인권위원회에 호소할 수 있다.

라트비아에서는 러시아 출신의 한 학교 교사가 리가 시 의회 의원으로 출마할 수 없게 되자 유엔 인권위원회를 찾았다. 이 교사는 라트비아어가 서툴다는 이유로 의원 출마를 거절당했다. 학교 교사가 되기 전 어학 시험을 문제없이 통과했는데도 말이다. 다시 말해 리가 시와 라트비아는 출신 때문에 이 교사에게 차별 대우를 했던 것이다.

필리핀에서는 한 사람이 정당한 판결 없이 9년 동안이나 감옥에 갇힌 사실을 인권위원회에 회부했다.

네덜란드에서는 한 아이의 엄마가 유엔의 도움을 받아 미혼모 연금을 받아 냈다. 아이의 아버지는 아이가 태어나기 전에 이미 죽었다. 문제는 두 사람이 정식으로 결혼한 상태가 아니었고 그 때문에 아이의 엄마와 아이는 아버지가 받아야 할 연금 혜택을 받을 수 없었다. 그러나 정식 혼인한 부모의 자녀든 그렇지 않은 부모의 자녀든 누구에게나 동등한 권리가 있다.

페루에서는 임신을 한 17세 소녀가 태아가 장애가 아주 심해 태어나자마자 곧 사망할 수밖에 없는 상태라 임신중절수술을 받으려고 했다가 이를 거부당하자 유엔에 억울함을 호소했다. 아기가 죽자 어린 엄마는 충격을 받아 병들었다고 한다.

유엔 인권이사회는 허수아비인가, 영향력 있는 기관인가?

그 어떤 나라도 유엔 인권이사회에 언급당하고 싶어 하지 않는다. 유엔의 인권이사회는 세계 곳곳에 있는 상처에 손을 댄다. 인권이사회는 예민한 문제에 개입하는 유엔의 어려운 임무를 수행한다.

인권이사회는 유엔의 딜레마를 가장 잘 보여 준다. 유엔은 세계 모든 나라를 한자리에 모이게 하면서 동시에 나라마다 권한을 제한해야 한다. 지구상에 있는 거의 모든 나라들이 유엔 회원으로 자기 주장을 펼치려 하는데, 인권을 짓밟고 국민의 존엄성을 무시하며 괴롭히고 심지어 죽이기까지 하는 나라들도 자기 목소리를 내려고 한다. 더구나 이런 범죄 국가들은 총회에서 영향력을 발휘해 다른 나라가 자기 나라가 저지른 범죄에 대해 반응하지 못하게 하거나 유리하게 반응하게 하려고 노력한다. 때문에 인권이사회는 임무를 수행하기가 아주 어렵다.

이사회에 소속된 47개 회원국은 3년에 한 번씩 유엔총회에서 뽑히며, 유엔이 세계 여러 나라에서 펼친 활동에 대한 보고서를 작성하고,

> 인권이사회는 다양한 비정부 기구와 긴밀히 협력하는데, 이 기구들은 대개 국가가 시민을 어떻게 대하는지를 현장에서 몸소 느끼고 있다.

유엔이 인권 보장을 위해 앞으로 해야 할 과제들을 제안한다. 총회는 이사회 후보가 출마하기 전에 먼저 후보의 자격을 검토하는데, 후보 개인과 그 후보가 속한 나라가 인권을 얼마나 존중하는지를 확인한다. 만일 자격을 갖추지 못했다면 후보 권한을 빼앗을 수도 있다. 인권 이사회의 좌석 수는 대륙의 인구수에 비례해 결정된다. 아프리카와 아시아는 13석, 카리브국가연합을 포함한 라틴아메리카는 8석, 동유럽은 6석, 서유럽은 기타 국가와 함께 7석을 갖는다. 세계에서 가장 막강한 나라인 미국은 2006년 선거 때 후보를 세우지 않았다. 당시 쿠바의 관타나모 기지에서 일어난 인권 유린 사건이 또다시 주목받는 것을 방지하기 위한 전략이었다. 2006년에 러시아와 중국은 인권을 아주 심각하게 훼손했는데도 이사국이 되었다.

인권이사회는 소방관 노릇을 담당하기도 한다. 정부나 군대 같은 공

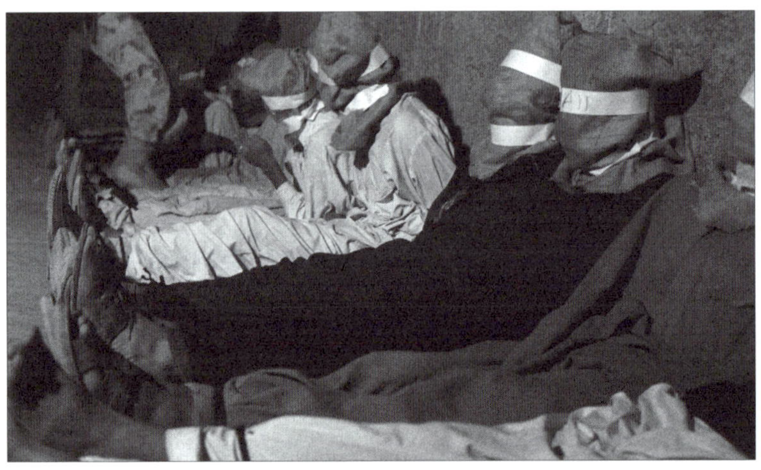

영화 〈관타나모로 가는 길(The Road to Guantanamo)〉의 한 장면.

권력에 개인의 건강과 생명이 위협을 받거나 상처를 입으면 이사회에서 특별 조사단을 파견한다. 2007년 가을, 미얀마의 군사정부가 야당 소속 시위대를 구타, 살해, 납치했을 때에도 그랬다. 이사회가 파견한 조사단은 마얀마 군사정부의 양심에 호소하며 국가 차원의 테러에 희생당한 사람들의 인권을 보장할 것을 요구했다. 물론 어떤 국가든 이 조사단을 거부하고 자기 나라에 들어오지 못하게 할 수도 있으나, 이렇게 하면 국제사회에서 비난을 받게 된다. 조사단은 조사를 마치면 이사회와 유엔총회 때 유엔이 인권 회복을 위해 해야 할 일을 제안한다. 이때 주로 오랜 시간에 걸쳐 열띤 논쟁이 펼쳐지는데, 바로 이 때문에 유엔이 무능하며 성과를 못 낸다는 비난을 자주 받는다. 사실 유엔이 외교적 수단을 동원해 너무 늦게 개입하거나 개입하더라도 아무런 효과를 거두지 못하는 경우가 자주 있다. 예를 들어 유엔은 아프리카 르완다에서 일어난 민족 학살을 막지 못했다.

아프리카 르완다에서는 1994년 후투족 전사들이 적대 관계인 투치족을 약 백만 명이나 살해했다.

유엔 인권고등판무관은 어떤 일을 할까?

유엔 인권고등판무관은 총을 들고 싸우거나 나쁜 사람을 체포하지는 않지만 늘 군대를 이끌고 전선에 나가 있다. 유엔 인권고등판무관은 인권이 짓밟히는 현장에 나가 권력자들의 잘못을 지적한다.

유엔 인권고등판무관의 무기는 '조용한 외교'다. 유엔 사무총장이 임명하는 유엔 인권고등판무관의 임기는 4년이다. 사무총장과 고등판무관과 유엔총회가 원하면 인권고등판무관을 2명 둘 수도 있다.

제네바에 있는 유엔 인권고등판무관 본부는 유엔의 인권 관련 기관들이 맡은 과제를 조정한다. 고등판무관과 인권이사회는 서로 보완하며 협력한다. 유엔의 기관들뿐 아니라 다양한 비정부기구, 개별 국가, 경제계, 온 세계 모든 사람들도 인권고등판무관과 협력한다. 고등판무관은 필요하다고 판단하면 개별 국가에 유엔 사무소를 설치하고 인력을 파견해 전쟁이나 기타 재난이 지나간 뒤 해당 국가의 인권 회복을 돕도록 한다. 고등판무관은 그 밖에도 사무총장과 인권이사회에 다양한 인권 문제를 제기한다.

루이즈 아버는 사담 후세인처럼 대량 학살을 저지른 범죄자라도 생존에 대한 권리를 갖는다고 경고했다.

  '조용한 외교' 라는 표현을 쓰는 것은 고등판무관이 자기가 다루는 문제를 모조리 큰 화제로 삼거나 떠벌리고 다니지 않기 때문이다. 그래서 고등판무관이 한번 목소리를 높이면 온 세계가 집중한다. 루이즈 아버(Louise Arbour, 2004년 인권고등판무관으로 임명)가 이라크의 독재자 사담 후세인의 사형에 반대할 때에도 그 노력이 결국은 열매를 맺지는 못했으나 세계는 집중했다.

세계는 어떤 재판소에서 심판을 받는가?

범죄를 저지른 사람은 재판을 받는다. 법치국가에서는 당연한 일이다. 그러나 만일 국가의 이름으로 범죄를 저지를 때에는 누가 심판할까? 2002년에 드디어 이러한 문제를 다룰 수 있는 국제형사재판소가 탄생했다.

국제형사재판소에서는 고소인과 임기 9년 동안 활동하는 재판관 18명이 민족 학살, 소수자 인권유린, 전쟁범죄를 저지른 자와 인권을 짓밟은 자에게 범죄에 대한 책임을 묻는다. 이 재판소는 1993년에 실시한 '유고슬라비아 전쟁범죄에 대한 국제 심판'과 1994년에 열린 '르완다 민족 학살에 대한 국제재판(tribunal)'을 모범으로 삼아 설치했다. 유고슬라비아와 르완다에서는 특정 '민족'에 속한다는 이유로 사람들을 추격해서 살해했다.

국제형사재판소는 네덜란드 헤이그에 있다. 바로 그곳에서 범죄자들과 때로는 범죄를 저지른 국가수반이나 유엔 임원이 재판을 받는다. 범죄자가 속한 나라가 범죄자를 재판할 상황이 아니거나 재판할 의지가 없을 때에만 국제형사재판소가 개입을 한다. 그러나 세계 모든 나라가 국제형사재판소를 인정하지는 않는다. 104개 국가(2008년 기준)만이 1998년에 로마에서 결의한 '로마 규정'에 서명했는데, 중국이나 미국 같은 강대국은 서명하지 않았다. 미국은 자기네 국민을 국제 법정에 세워 국제사회의 심판을 받게 할 수 없다고 했다. 범죄자를 미국 스스로 심판할 수 있기 때문에 마약 거래, 테러, 환경오염 같은 범죄를 저질렀다고 미국인을 헤이그 재판소에 세울 필요가 없다는 것이다.

유엔 안전보장이사회는 얼마나 영향력이 있을까?

전쟁은 인간이 누려야 할 모든 권리를 파괴하기 때문에 폭력의 가장 극단적인 형태라고 할 수 있다. 때문에 유엔에서 가장 중요하고 영향력 있는 기관이 안전보장이사회다. 안전보장이사회는 전쟁을 방지하고 평화를 보장하거나 회복하는 일에 앞장선다.

15명으로 구성된 안전보장이사회는 유엔의 임무 가운데 가장 어렵지만 가장 중요한 임무를 수행한다. 안전보장이사회는 인권을 보호하거나 회복하기 위해 개별 나라에 개입할 수 있는 유일한 기관이다. 안전보장이사회는 규제를 하거나 군대 또는 인도주의적 목적을 띤 봉사자를 파견해 갈등 해소, 평화 정착, 분쟁 지역의 재건 등을 지원하게 한다. 수도관을 설치하는 데서부터 선거관리, 구호물자 분배, 공공기관 건설, 반란 세력의 무장해제에 이르기까지 다양한 활동에 관여한다. 안전보장이사회는 지원 결정을 내리고 나면 유엔 회원국들에게 군대나 민간 전문가들을 파견해 달라고 요청하거나, 유럽연합(EU)이나 서방국가들의 공동 방어 체제인 북대서양조약기구(NATO) 같은 기구에 협조해 주기를 부탁한다.

인도주의(라틴어의 human-itas 즉, 인간성이라는 말에서 나옴)란 인간의 안녕을 꾀하는 것을 말한다.

1948년 이래 안전보장이사회는 평화유지군을 48회 (2007년 기준) 파견했고, 2006년 한 해 동안 18개국에 101,000명이 넘는 군인, 감시 단원, 경찰, 민간 전문가를 푸른 헬멧(blue helmet, 푸른 헬멧을 쓰고 있다고 해서 붙여진 이름)이라는 이름으로 투입했다. 원래 평화유지군은 무기를 가지고 있을 수 없었다. 그러나 1990년대 유고슬라비아를 둘러싼 전쟁 이후에는 평화유지군이 평화를 정착시키기 위해 무기를 쓸 때도 가끔 있다. 무기를 쓰는 문제에 대해서는 지금까지도 의견이 분분하다.

안전보장이사회는 5개 상임이사국(중국, 프랑스, 영국, 러시아, 미국)과 임기가 2년인 10개 비상임이사국으로 구성된다. 안건을 채택하려면 적어도 9개국이 찬성해야 하는데, 상임이사국은 반드시 만장일치로 모두 찬성해야 한다. 상임이사국은 거부권 즉, 결정을 못하게 할 수 있는 권한이 있다. 이러한 제도를 바꾸기 위해 개혁안에 대한 논의가 이루어지고 있다.

세계인권선언이 전부일까?

인권은 어디에서나 누구에게나 보장되어야 한다. 그러나 세계 여러 지역에서는 그 지역에서 특별히 보장받아야 할 인권을 따로 선언했다. 이는 그 지역의 사람, 민족, 문화가 다른 곳에 견주어 억압을 받고 권리를 제대로 실현하지 못하고 있다는 사실을 반증해 준다.

유럽 강대국들은 아프리카 민족들을 정복하고 결국에는 아프리카에 자기네 뜻대로 국가를 세워 서로 독립해서 살았던 민족을 한 국가 테두리 안에 묶었다. 아프리카인권헌장에서는 이렇게 식민지 시대가 남긴 문제들을 지적한다. 아프리카에서는 여전히 전쟁으로 갈등이 끊임없이 일어나고 있다. 오늘날 아프리카는 산업국가에게 또다시 자유를 빼앗기고 있다. 그래서 '반줄헌장'이라고도 하는 아프리카인권헌장에는 인권뿐만 아니라 '민족의 권리'도 명시되어 있다. 유엔 세계인권선언문은 유럽에 바탕을 두고 만들어졌다. 그래서 주로 개인의 자유권을 중요하게 다루고 있다. 반면 아프리카에서는 3세대 인권이 더욱 중요하기 때문에 아프리카인권헌장은 외국 군대 기지 때문에 일부 국가들이 위협을 받고 있기도 한 아프리카 대륙 전체의 자유

반줄은 아프리카 감비아에 있는 지역이다.

와 발전을 강조한다. 그 밖에도 한 국가 안에서, 또 그 국가를 위해 저마다 능력을 활용할 수 있게 하는 시민의 의무 역시 명시되어 있다.

아메리카 대륙에 있는 나라들 역시 자체 인권 협약을 만들었다. 그러나 정작 아메리카 대륙에 있는 국가 가운데 국토 면적이 제일 큰 캐나다는 이 협약에 서명하지 않았고, 가장 막강한 권력을 갖고 있는 미국도 협약을 인준하지 않았다.

한편, 인권보다 코란을 앞서 생각하는 '이슬람인권선언'도 있는데 이 선언은 많은 논란을 불러일으키기도 한다. 이슬람인권선언에서 말하는 인권은 여러 가지로 해석된다.

인준한다는 것은 국제법으로 인정하는 것, 다른 국가에 대해 자국이 지켜야 할 협약으로 인정하는 것을 뜻한다.

이슬람인권선언은 인권은 신이 인간에게 준 것이며 종교 다음으로 여겨야 한다는 기본 정신에서 출발한다.

아이들은 어떤 권리를 갖는가?

그래서 어린이를 위한 유엔 협약이 있다. '유엔 아동권리협약'은 어린이가 존엄하게 살기 위해 필요한 것은 무엇인지 설명하고 있다. 191개 국가가 이 선언에 서명해 어린이의 권리를 실현하고 보장하겠다고 약속했다. 유엔 아동권리협약은 무엇보다 아이들이 '행복하게 또 사랑과 이해를 받으며' 자라기 위해 전제되어야 할 사항을 밝힌다. 유엔 아동권리협약은 어른보다 힘이 없고 어른에게 반드시 보살핌을 받아야 하는 어린이가 그 누구한테도 폭력이나 학대를 당하지 않고 특별히 보호받으며 충분한 시간과 여유를 갖고 학습과 놀이를 할 수 있도록 보장한다.

유엔 아동권리협약은 선언에 가입한 모든 국가가 무엇을 계획하고, 무엇을 하든지 간에 어린이를 고려하도록 규정한다. 예를 들어 도시를 건설할 때에는 학교와 탁아소를 반드시 지어야 하며, 어린이가 많이 다니는 거리에는 신호등을 더 많이 설치해야 한다. 나라마다 어린이가 폭력에 희생되거나 이용당하거나 학대받지 않도록 늘 어린이를 보호해야 한다. 그렇게 하는데도 어린이의 인권이 훼손되는 일이 생기면 어린이는 도움과 보호를 받을 권리를 발휘할 수 있는데, 어린이 보호 긴급 전화나 상담소 및 지원 센터 같은 곳에 연락해 도움을 받을 수 있다. 국가가 나서서 아이들을 부모에게서 보호해야 하는 경우도 있다. 이럴 때 아이들은 어린이보호소 같은 곳에서 지내게 되는데, 그런다 해도 부모와 연락을 하지 못하도록 막아서는 안 된다. 또한 모든 어린이는 자기 이름과 국적을 가질 권리가 있다. 부모와 다른 나라에 사는 어린이는 부모를 방문할 권리가 있으므로 그 어린이가 사는 나라는 출입을 허용해야 한다.

어린이는 어른과 마찬가지로 의견을 가질 권리와 종교의 자유가 있다. 어린이라도 정보를 수집할 권리가 있다. 그래서 누구도 어린이가 (신문 같은) 글을 읽거나 (라디오 같은 데서) 소식을 듣거나 (텔레비전 따위를) 보는 것을 금지할 수 없다. 언론은 아이들이 요구하는 것을 아이들이 겁을 먹거나 두려움을 느끼게 보도해서도 안 된다. 어린이 책에 대한 권리까지도 유엔 아동권리협약에 나와 있다. 국가는 어린이에게 다른 어린이를 만날 수 있게 해주어야 한다. 또한 누구도 어린이들 사이의 비밀을 누설할 수 없다. 어린이라도 사생활을 보호받을 권리가 있다. 예컨대 몰래 어린이의 편지를 읽거나 어린이가 사는 집을 훔쳐보거나 하는 행동은 모두 유엔 아동권리협약에 위배된다.

어린이는 무엇보다 건강을 보호받을 권리가 있다. 이 권리는 아기가 태어나기 전부터 있으며, 이 때문에 임산부들 역시 특별히 보호받아야 한다.

어린이는 무상으로 학교교육을 받을 권리가 있다. 모든 국가는 어린이들이 학교교육을 받을 수 있도록 보장해 주어야 한다. 몸이 불편한 아이들은 특별한 지원을 받아야 한다. 어린이는 방학에 대한 권리도 있다. 요즘에는 식구들이 모두 일을 해야 집안이 유지되는 경우도 있기 때문에 어린이의 노동이 완전히 금지되어 있지는 않다. 다만 국가는 어린이가 학대당하지 않도록 최저 연령을 정한다.

또한 그 누구도 어린이를 사고 팔 수 없다. 유엔 아동권리협약은 어린이 포르노와 어린이 성매매를 금지한다. 또 15세가 안 된 어린이가 전쟁에 참전하는 것도 금지되어 있으며, 어린이 난민은 망명지에서 그곳 출신의 아이들과 동등한 권리를 행사할 수 있도록 보장한다.

한국은 1991년 유엔 아동권리협약에 서명했지만 세 가지 조항을 제외했다. 그러다가 2008년에 부모와 떨어진 어린이가 부모를 만날 권리를 보장하는 내용에 대해서는 제외했던 것을 철회해, 지금은 두 가지 조항만 제외하고 있다. 한국에서는 유엔 아동권리협약의 내용과는 다르게 정부의 허가를 통한 입양이 아니라 사람들 사이의 합의나 호적법에 따른 입양 신고로 입양이 가능하다. 또한 한국에서는 비상계엄 때와 군사재판에서는 어린이든 어른이든 상소권을 제한하고 있다.

인권을 지키는 국제비정부기구

INGO는 어떤 단체인가?

유엔 회원국 가운데 인권을 짓밟는 국가들도 있다. 그래서 유엔은 활동할 때 어려움을 많이 겪는다. 이 때문에 수많은 비정부 인권 수호자들이 맡은 일은 더더욱 중요하다. INGO(국제비정부기구)는 대표적인 비정부 인권 수호 단체를 말한다.

INGO는 세상의 상처를 들춰내 치료하고 희생자들의 명예를 회복하려고 노력한다. INGO에는 우리 같은 사람들이 인간의 존엄성을 위해 일하며 싸운다. 문제가 일어난 현장에서, 도움이 필요한 사람들 곁에서 일한다는 것이 INGO의 가장

큰 장점이다. 또 한 가지 특징은 정치적 압력에서 완전히 자유롭다는 것이다. INGO의 회원들은 자기를 희생해야 하는 위험도 마다 않는다. 그래서 가끔 신분을 감추고 일을 하기도 하고, 혼자 힘에 부칠 때에는 외부 지원자들에게 도움을 받아 불의를 폭로한다. INGO는 특별한 정당이나 정부의 눈치를 볼 필요가 없다. 유엔과는 달리 얽매이지 않고 일을 할 수 있고 일을 할 때 외교를 최우선으로 삼을 필요도 없다. 유엔은 한 국가라도 국제사회에서 소외되거나 국제사회에 동참하지 않는

일이 없도록 해야 하나 INGO는 그럴 필요가 없다.

INGO는 생명을 위협받거나 불의한 일을 당하는 개인, 소수자 집단, 민족을 위해 일한다. 최초의 인권 NGO들은 1948년에 설립되었다. 유엔은 오늘날 인권 NGO가 온 세계에 걸쳐 약 2만 5천 곳에 달하며 이들 단체들 덕분에 비로소 국가가 개인에게 어떤 범죄를 저지르는지, 어떤 국가가 그런 일을 하는지 세상에 드러나는 경우가 많다고 말한다. 굶주리고 있는 국민을 돕지 않는 정부, 아시아에서 벌어지는 아동 매매, 아메리카에서 발생하는 납치 사건, 아프리카의 여성 학대, 오스트레일리아 정부의 원주민 인권침해, 폭력 국가에서 도망쳐 나와 유럽에 도움을 요구하는 망명 신청자들을 강제로 돌려보내거나 그들을 모른 척하는 무책임한 유럽 국가의 태도 등 국가가 인간의 가치를 무시하는 현장은 대부분 INGO에게 가장 먼저 발각되어 세상에 알려진다.

따라서 INGO는 불편한 존재이며, 심지어 민주주의국가에서도 INGO의 활동을 제약하려고 한다. 유엔은 INGO의 경험과 INGO가 제공하는 정보에 의존하고, INGO의 도움을 받는다. 비정부 인권 수호자 노릇을 하는 INGO는 돈으로 살 수 없는 증인들이다. INGO는 아주 작은 일에서부터 대형 시위와 같은 큰 운동에 이르기까지 다양한 활동을 한다. INGO는 위기에 처한 사람들을 돕고, 쫓기는 사람들을 숨겨 주고, 생명을 구한다. INGO는 도움이 절박한 사람들을 도우며 두려움으로 입을 열 수 없는 자들을 대변해 준다.

INGO는 친구와 적을 구분하지 않는다. 단지 인간을 위해 일할 뿐이다.

국제사면위원회는 어떤 방법으로 고문, 감금, 살인에 맞설까?

모든 건 학생 두 명이 자유를 외치면서 시작되었다. 두 학생은 체포되었고, 한 기자가 그들에 대해 보도했다. 그리고 곧 국제사면위원회가 결성되었고 국제사면위원회는 현재 가장 큰 인권 기관 가운데 하나가 되었다.

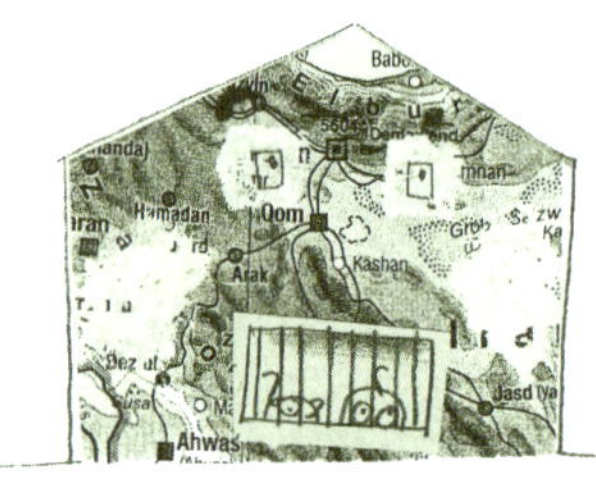

1961년, 영국의 한 기자가 당시 독재자의 지배 아래 있던 포르투갈에서 두 청년이 자유롭게 자기 의견을 표현할 권리를 행사했다는 이유만으로 감옥에 갇혔다는 사실을 폭로했다. 이 기사를 읽은 독자 수천 명은 이 기자의 의견에 동의했고 억울하게 체포된 다른 사람들에게도 관심을 기울이기 시작했다. 그 결과 국제사면위원회(Amnesty International)가 탄생했다. 얼마 지나지 않아 국제사면위원회는 수많은 국가로 활동 범위를 넓혀 갔다.

오늘날에는 전 세계에서 수백만 명이나 되는 사람들이 가장 성공적인 인권 단체인 국제사면위원회를 지원한다. 에티오피아에 사는 학교 선생이 노조에 가입한 이유로 갑자기 사라졌을 때, 태국의 한 여성 변호사가 무료로 가난한 사람들을 도와주었다가

국제사면위원회는 1977년에 노벨 평화상을 받았다.

정신병원에 수감되었을 때, 이란에서 한 학생이 여성의 평등권을 주장하다가 체포되었을 때 국제사면위원회가 나섰다. 국제사면위원회는 언제, 어디서나 누군가가 자기 권리를 비폭력적으로 요구했거나, 다른 사람이 권리를 찾는 일을 도왔다는 이유만으로 자유를 빼앗기거나 생명을 위협받으면 개입한다.

국제사면위원회의 활동 가운데 '긴급 구명 활동(Urgent Action)'이 특별히 성공을 많이 거두었다. 긴급 구명 활동은 누군가가 고문이나 살인이나 처형당할 위험에 빠지거나 '사라져 버릴' 수 있는 다급한 상황에서 국제사면위원회가 곧바로 조치를 하는 것을 말한다. 이러한 일이 생기면 문제가 일어난 현장과 런던 국제사면위원회 본부에서 상황을 검토하고 전 세계에 흩어져 있는 국제사면위원회 회원들을 동원한다. 이들은 대개 몇 시간 안에 팩스, 이메일, 긴급 우편 같은 수단으로 온 세

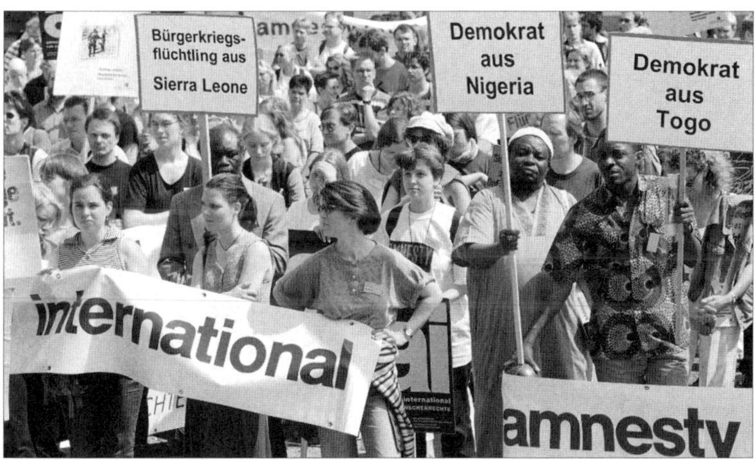

가장 규모가 크고 대표적인 독립 인권 단체 가운데 하나인 국제사면위원회(Amnesty International).

계 지도자와 정치인들에게 지금 어떤 일이 일어나고 있는지 알린다. 국제사면위원회는 85개 국가에 속한 12만 5천 명 이상의 회원으로 구성되어 있다.

국제사면위원회의 가장 큰 힘은 회원들이다. 국제사면위원회는 해마다 3~4회 정도 긴급 구명 활동을 펼친다. 그렇게 해서 수많은 사람이 자유를 얻는다. 긴급 구명 활동의 대상자였던 수감자의 3분의 1은 국제사면위원회 덕분에 적어도 인간다운 대우를 받게 되었다고 말했다.

그러나 국제사면위원회의 활동은 여기에서 그치지 않는다. 민주주의 국가라고 자부하는 국가들 또한 국제사면위원회를 무시하지 못한다. 국제사면위원회가 해마다 개별 국가가 수감자와 인권 수호자들을 어떻게 대하는지에 대한 보고서를 펴내기 때문이다. 테러 정부가 장악한 국가뿐 아니라 공정한 법 절차를 무시하거나 인권을 제대로 보호하지 않는 국가들 모두 보고서에 거론된다. 독일은 '테러와의 전쟁'을 주도한 미국의 비인도주의적인 활동을 지원했다고 해서 2007년 보고서에 언급되었다. 미국의 비밀 정보부가 의심 가는 사람들을 납치하고 포로들을 학대했는데 이 사실을 독일 정치인들은 알면서도 모른 척했던 것이다. 또 독일 정부 기관은 난민들이 목숨을 위협받을 수 있다는 사실을 알면서도 난민들을 고향으로 돌려보냈다. 독일의 어느 감옥에서는 한 수감자가 분신자살했는데 아직까지 이유가 밝혀지지 않았다.

휴먼라이츠워치가
모으는 것은 무엇일까?

압력을 가하고 절대 물러서지 않는다. 바로 휴먼라이츠워치
(Human Rughts Watch)다. 휴먼라이츠워치의 감시자와 정
보 제공자들은 전 세계 70개 국가에 흩어져 있다. 그들은 숨
겨진 만행의 증거를 찾아내 세상에 공개한다.

휴먼라이츠워치는 변호사와 기자를 중심으로 한 공식
회원 190명과 현장에 있는 수많은 봉사자로 구성되는데,
세계 어디에서나 인권이 침해당하는 사건이 일어나면 절
대 물러서지 않는다. 인권침해가 의심되면 사진, 증인 보
고, 인터뷰 같은 형태로 된 증거를 수집한다. 휴먼라이츠워치는 이 증
거를 국제 언론, 유엔이나 세계 여러 나라의 정치인들에게 보낸다. 국
제사면위원회와 함께 세계에서 가장 규모가 큰 인권 단체인 휴먼라이
츠워치는 20세기 말 유고슬라비아를 둘러싸고 일어난 전쟁 중에 코소
보에서 자행된 대량 학살을 세상에 알린 장본인이다.

휴먼라이츠워치는 그 밖에도 전쟁에 아이들을 군인으로 투입하는 것
을 금지시킨 국제회의를 주도하기도 했다. 휴먼라이츠워치의 '귀'는

스페인의 테네리파 섬의 보호소에서 학대받던 아프리카 난민 어린이가 외치는 비명도 들었다. 휴먼라이츠워치가 개입하고 나서 스페인 정부는 조치를 취했다. 휴먼라이츠워치는 아프리카 시에라리온의 전쟁 희생자들의 현실을 알렸고, 지뢰 금지를 위한 여러 인권 단체의 운동을 앞장서서 이끌기도 했다. 그리고 1997년에는 그 공로를 인정받아 노벨 평화상을 받았다. 휴먼라이츠워치는 인권을 무시하는 기업에도 압력을 넣는다.

민간단체도 국영 단체도 아닌 유니세프는 어떤 일을 할까?

유니세프(UNICEF)는 제2차 세계대전 때 유럽의 굶주린 아이들을 위해 우유와 간유를 나눠 주는 활동을 하면서 시작 되었다. 유엔의 산하단체로 어느새 세계 최대 규모의 어린이 구호단체로 자리 잡았고 160개국의 어린이들을 지원하고 있다.

전쟁이 일어나거나 자연재해가 발생하면 대개 유니세프의 봉사자들이 현장에 가장 먼저 도착한다. 유니세프는 INGO가 아니다. 유니세프는 온 세계 국가들의 연합인 유엔의 산하단체이다. 그러나 유니세프는 비정부기구와 비슷한 활동을 하며 친구와 적을 구분하지 않는다. 유니세프는 셀 수 없이 많은 비정부 자원봉사자들의 활동과 온 세계 수백만 명이 기부하는 돈으로 운영된다. 유니세프는 기부금으로 심각한 위기에 빠져 있는 아이들을 돌보기도 하지만 어린이의 인권 보호를 위한 활동도 펼친다. 아이들은 어느 사회에서나 가장 연약한 존재이기 때문에 빈곤과 폭력의 가장 큰 피해자다. 유니세프는 아이들이 누려야 할 생존에 대한 권리를 보장하기 위해 식량, 식수, 의료 혜택, 교육, 안전 확보에 나선다. 유니세프는 우물과 수도를 설치하고 아이들이 예방주사를 맞도록 해주며 가난한 나라에 의료 서비스를 정착, 발전시키는 활동을 한다. 그 밖에도 학교를 세우고 전쟁, 폭력, 학대로 상처받은 아이들의 아픔을 치료하고자 노력하고 있다.

유엔의 산하단체인 유니세프는 다른 기관이나 단체에게는 문을 열지 않는 지역에도 접근할 수 있다. 또 해마다 보고서를 작성해 '세계 어린이의 실태'를 평가한다.

피안은 누구에게 먹을거리를 주는가?

"먹을 게 우선이다(Food First)!" 이것이 피안이 제시하는 해결책이다. 피안은 가난한 나라의 사람들이 생존을 위해 충분한 노동의 대가를 받을 수 있도록 돕고, 돈벌이를 위해 커피를 재배하는 데서 벗어나 곡식을 재배해 식량을 넉넉하게 갖춰 놓을 수 있도록 돕는다.

피안(FIAN, Food First Information and Action Network)은 안 그래도 농지가 부족한 국가에서 커피나 차 같은 수출품을 생산할 것이 아니라 자기네 국민에게 최고의 먹을거리를 보장해 줄 수 있게 곡식을 재배하라고 외친다. 피안은 그 밖에도 기본 생계마저 보장되지 않는 저임금을 받고 노동을 하거나 아무런 보호 장치도 없는 위험한 환경에서 노동하는 사람이 없도록 하기 위해 활동한다. 피안은 60개 국가의 농민, 소작민, 노동자, 여성 들을 돕고 있다. 대부분 나라나 기업이 농사지을 땅을 빼앗아 버려 기본적으로 살아갈 수 있는 터전마저 잃은 사람들이다.

피안은 콜롬비아, 우간다, 잠비아, 탄자니아의 '꽃 재배 여성'을 위해 대대적인 국제 캠페인을 벌였다. 이 나라들은 수출할 꽃을 재배할

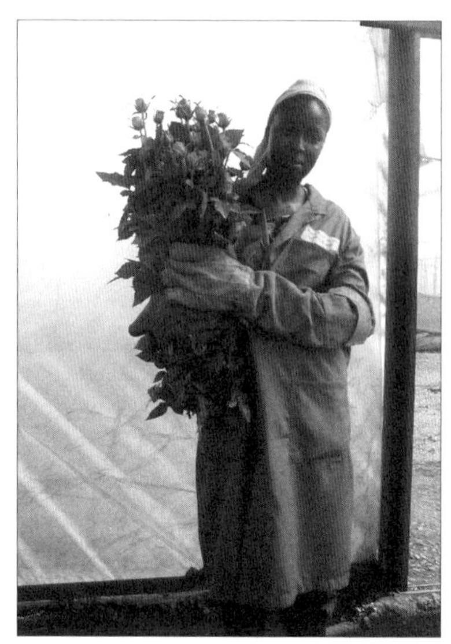

피안은 '꽃 재배 여성'의 인권을 위한 캠페인을 벌여 성공을 거두었다.

때 아주 독성이 강한 농약을 써서 화원에서 일하는 여성들이 피해를 입고 있다. 이 여성들의 임금 또한 아주 낮아 가정을 먹여 살리기에는 턱없이 부족하다. 피안은 캠페인을 벌여 화훼 업계의 상인들과 협약을 체결하는 데 성공했다. 상인들은 앞으로 '깨끗한' 꽃만 취급하겠다고 약속했다.

피안은 대형 기업이 곡물 가격을 떨어뜨리면 그 곡물을 수입하는 사람들에게는 좋지만, 그 곡물을 재배하는 인도네시아나 가나 같은 나라의 농부들은 농사를 지어도 기본적인 생계를 위한 돈도 벌지 못하게 된다는 사실을 알리는 활동도 한다.

누가 열대우림과 바다의 민족들을 살리는가?

에너지에 대한 우리의 수요는 어떤 민족들에게는 큰 위협이 된다. 인도네시아에서는 3백여 부족이 야자유 재배 때문에 위기에 빠져 있다. 남아메리카에서는 열대우림 개발로 사람들의 생존 터전이 파괴되고 있다. 이 문제를 해결하기 위해 나선 INGO가 있다.

우리는 인도의 아디바시, 스칸디나비아의 사미, 뉴질랜드의 마오리, 태국의 섬 부족이나 민족에 대해, 그리고 정부나 기업 때문에 그들이 위기에 빠진다는 사실에 대해 대개 '위협받는사람들을위한모임(GfbV)'을 통해 알게 된다. 이 인권 단체에 따르면 지구에는 아직도 5천여 개 정도 되는 토박이 부족이 있으며 이들 집단이나 부족의 인구는 3억 7천만 명에 이른다고 한다. 그 부족들이 삶의 터전에서 내몰리거나 재산을 잃게 되면 그들의 문화와 그들이 수백 년 동안 쌓아 온 부족의 지혜와 지식도 사라지게 된다. 그래서 '위협받는사람들을위한모임'은 아무리 작은 민족이라도 생존에 대한 권리가 있다는 것을 알린다.

예를 들어 인도네시아에서는 약 2천 헥타르에 달하는 열대우림을 없

> 토박이(indigene) 민족이란 한 국가 안에서 그들이 사는 지역의 환경 조건에 맞춰 살아가지만 막상 그 땅에 대해서는 큰 권한이 없는 사람들을 말한다.

애고 야자 농장을 만들고 있다. 야자유가 국제시장에서 대체에너지원으로 주목받고 있기 때문이다. 결국 열대우림이 파괴되어 수백 개나 되는 파푸아 부족이 삶의 터전을 잃고 해체되었다.

몇 년 전 쓰나미가 동남아시아 국가의 해안을 파괴해 수많은 태국 국민의 보금자리가 사라지자 온 세계에서 엄청난 지원과 구호의 손길을 태국으로 보냈다. 그렇지만 5천 명에 달하는 '바다의 사람들'은 아무도 신경 쓰지 않았다. 위협받는사람들을위한모임은 이들 바다 유목민과 그들의 문화가 사라지지 않도록 도왔다.

국경을 모르는 기자들은 어떤 사람들일까?

떳떳하지 못한 국가는 자기가 하는 일을 숨긴다. 심지어 기자를 납치하거나 살해하는 일도 서슴없이 저지른다. '국경없는기자회' 는 바로 이에 맞서 싸운다.

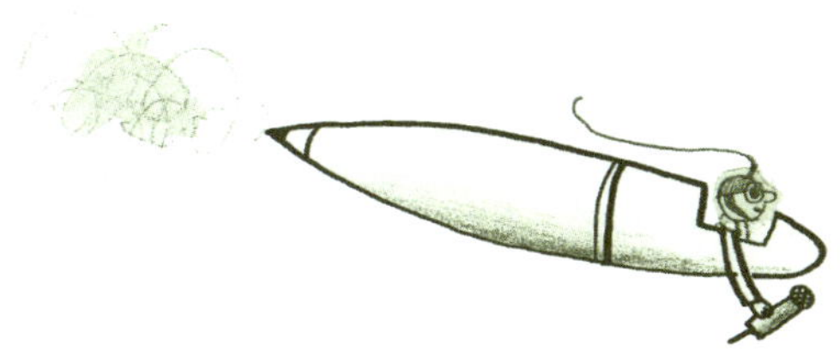

'국경없는기자회' 는 감금, 고문, 살해 위협을 받는 기자들을 구하기 위해 결성된 기자 단체다. 국경없는기자회는 이렇게 희생된 기자의 식구들을 지원하기도 한다. 기자들의 인권 보장을 위해 활동하는 국경없는기자회는 1985년에 프랑스에서 결성되었다. 뮌헨 출신의 한 기자가 유고슬라비아 전쟁 때 저격수의 총에 맞아 죽는 사건이 계기가 되었다. 국경없는기자회는 해마다 언론의 자유를 막는 최대의 적을 나열한 명단을 발표하고 희생된 기자들에 대해 보도한다. 또한 국경없는기자회는 언론의 자유를 막으려는 배후 세력을 밝혀낸다. 흔히 대통령, 장관, 군대 장교, 마약 거래상 같은 사람들이 지목된다.

국경없는기자회는 정부 차원에서 기자들의 활동을 방해하거나 정해진 조건에서만 일하도록 제한할 경우 침묵하지 않는다. 예를 들어 기자들이 이라크 전쟁에 대해 보도하려고 할 때 압력이 가해졌다는 사실이 드러났다. 미군은 누가 무엇을 보도할지 지정해 주었다. 그 지시에 따르지 않는 기자는 보도를 할 수 없었다. 2008년 베이징 올림픽 때도 국경없는기자회는 할 일이 많았다. 개최국인 중국에 언론의 관심이 쏠리자 중국 정부가 비판적인 보도를 하려는 기자들을 막거나 가두었기 때문이다.

인권을 위해 목숨을 바친 사람들은 누구일까?

세상에는 인류에 반하는 범죄가 발생하면 못 본 척하거나 침묵할 수 없어서 목숨을 걸고 위험을 무릅쓰는 사람들이 있다. 그들 대부분은 세상에 알려지지 못했지만 몇몇은 알려져 사람들의 모범이 되었다.

셀 수 없이 많은 사람들이 소리 소문 없이 인권 수호에 앞장서고 있지만, 자기와 자기 식구의 안전까지 감수하면서 잘못된 점을 꼬집어 세상에 폭로하는 사람들도 있다. 티 나지 않게 인권을 지키는 데 이바지하는 사람이나 사람들의 주목을 받으며 이바지하는 사람이나 모두 영웅이다. 지금부터 인권을 지키기 위해 투쟁했던 가장 유명한 몇몇 사람들을 소개하고자 한다.

먼저 비폭력 운동의 상징 같은 존재가 된 마하트마 간디(Mahatma Gandhi, 1869~1948)에 대해 살펴보자. 인도 출신의 간디는 남아프리카에서 처음으로 차별을 경험했다. 인종 격리 정책인 아파르트헤이트가 시행되던 남아프리카에서는 흑인과 기타 유색인종 즉 인도인들 역시 백인이 이용하는 기차나 주차장

> 아파르트헤이트는 인종 격리 정책으로 인종에 따라 여러 권리를 차별하는 정책을 말한다.

을 이용할 수 없었고, 자녀들도 백인 아이들이 다니는 학교에 다닐 수 없었다. 백인이 아닌 사람은 권리를 보장받지 못했고 오히려 갈취당하고 무시당하고 상처받아야 했다. 간디는 고향 사람들과 힘을 모아 이러한 현실에 맞서 시위와 비폭력 운동으로 대항했다. 그리고 고국 땅에 있는 인도 국민에게도 당시 인도를 지배하며 불의한 일을 일삼던 영국에게 대항하라고 촉구했다. 그 결과 영국은 인도 식민 지배를 포기했고 인도는 독립할 수 있었다. 간디는 거기에서 멈추지 않고 인도 사회에 뿌리내리고 있던 힌두교의 비인도주의적인 카스트제도를 철폐하는 데 앞장섰다. 간디는 계급이 낮고 카스트제도 때문에 인권이 짓밟힌 사람들을 위해 싸웠다. 간디는 힌두교인과 이슬람교인들을 화해시키려 하다가 광신적인 힌두교인이 쏜 총에 맞아 목숨을 잃었다.

간디는 미국의 마틴 루터 킹(Martin Luther King, 1929~1968)의 모범이 되었다. 흑인 목사였던 킹은 인종차별에 맞서는 투쟁을 이끌었다. 킹은 위협받고 추격당하고 체포되었다. 1963년에는 25만 명이나 되는 시위대를 이끌고 워싱턴의 백악관 앞까지 행진했고, 당시 미국 대통령이던 케네디에게서 흑인 문제에 대한 공감을 얻어 냈다. 킹은 그때 연설을 하면서 유명한 말을 남겼다. "나에게는 꿈이 있습니다. 예전에 노예였던 사람들의 자녀들과 예전에 노예 주인이었던 사람들의 자녀들이 한 상에 앉아 형제애를 나누기를 꿈꿉니다." 그로부터 5년 뒤 마틴 루터 킹은 한 백인에게 살해되었다.

넬슨 만델라(Nelson Mandela, 1918~)는 남아프리카공화국의 인종

왼쪽부터 넬슨 만델라, 마하트마 간디, 마틴 루터 킹.

격리 정책인 아파르트헤이트를 폐지했다. 만델라는 흑인들과 함께 인종차별에 대항하는 비폭력 시위를 이끌었다. 그리고 27년 동안 옥살이를 했다. 감옥에 있는 동안 부인과 자식을 1년에 단 2번, 30분씩만 만날 수 있었다고 한다. 그러나 세계는 "만델라를 풀어 줘라!"고 외쳤고, 1990년 세계에서 가장 유명한 수감자였던 만델라의 고난도 끝이 났다. 3년 뒤에 만델라는 남아프리카공화국의 대통령으로 당선되었다. 대통령이 된 만델라는 또다시 큰 업적을 남겼다. 만델라는 진실과화해위원회(TRC, Truth and Reconciliation Commission)를 결성해 과거 인종차별 문제의 가해자와 피해자를 화해시키기 위해 앞장섰다.

고문, 감금, 죽음의 위협 앞에서도 세 여성은 오로지 말을 무기 삼아 인권을 짓밟는 범죄와 맞서 싸웠다. 미얀마의 아웅 산 수치, 이란의 시린 에바디, 과테말라의 리고베르타 멘추에 대해 살펴보자.

셋 가운데 특별히 연약해 보이는 한 여성이 있다. 그러나 아무리 무서운 고문 앞에서도 겁을 먹지 않았다. 다른 한 사람은 이란 종교 지도자에게 당당하게 맞섰다. 나머지 한 사람은 자기 고국이 원주민들에게 저지른 만행을 온 세계에 알렸다.

아웅 산 수치(Aung San Suu Kyi, 1945~)는 몇 번이나 생명의 위협을 받았고 18년 이상 자기 집에 감금되어 있었다. 그러나 그녀는 끊임없이 미얀마의 군부 정권을 비판했다. 1990년, 아웅 산 수치가 이끈 '민족민주연합(NLD)'은 총선에서 80퍼센트 이상이나 표를 얻었지만 아웅산 수치는 정권을 잡지 못했다. 선거전에서 승리는 했지만 아웅 산 수치를 따르던 수천 명이나 되는 사람들이 감금당하고 고문당하거나 심지어 살해되기까지 했다. 아웅산 수

원래 미얀마는 버마였는데 군부 세력이 정권을 잡은 뒤에 미얀마라고 바꿨다.

118

왼쪽부터 리고베르타 멘추, 아웅 산 수치, 시린 에바디.

치의 아버지는 미얀마를 영국의 식민 지배에서 해방시킨 장본인이었으나 나중에 살해당했다. 그런 아버지의 딸인 아웅 산 수치는 뉴욕의 유엔 본부에서 일했고, 남편과 두 자녀와 함께 영국에서 살았다. 1988년에 고향으로 돌아온 아웅 산 수치는 야당 대표가 되었다. 아웅 산 수치는 1989년에 최초로 가택 연금을 당했다. 그 뒤부터는 거의 집 밖에 나오지 못하고 감금된 상태로 지내야만 했다. 그렇지만 그 무엇도 아웅 산 수치의 입을 막을 수는 없었다. 아웅 산 수치는 미얀마 국민이 배고픔에 시달리고, 어린이 10명 가운데 하나가 죽어 가고, 농민들은 삶의 터전을 잃고 있다는 사실을 세상에 알렸다. 고문과 살인과 실종이 끊임없이 일어난다고 폭로했다.

아웅 산 수치는 1991년에 노벨 평화상을 받았다. 아웅 산 수치는 감금되어 있는 상태여서 오슬로에서 열린 시상식에 참석하지 못했다. 아들이 대신해서 상을 받았다.

　시린 에바디(Shirin Ebadi)는 이란의 여성, 어린이, 억압받는 가정의 권리를 대변하는 변호사로 활동하다가 추격을 당했다. 1947년 이란에서 태어난 시린 에바디는 1975년에 테헤란에서는 처음으로 여성 판사가 되었다. 4년 뒤에 극단적인 종교 지도자가 권력을 잡으면서 시린 에바디는 판사직에서 쫓겨났다. 몇 번이나 감옥에 갇히고 계속해서 협박을 받았지만 이란에서 처음으로 어린이 보호 단체를 설립하고 권력을 독점하기 위해 신앙을 악용하는 근본주의 정부의 횡포에 피해를 입은 사람들을 돕고 있다.

리고베르타 멘추(Rigoberta Menchú)의 삶은 고향인 과테말라에서 일어나는 인권 범죄에 대항하는 싸움의 연속이었다. 리고베르타 멘추는 책을 써서 중앙아메리카에 있는 과테말라에서 원주민들의 권리가 짓밟히고 있고 원주민들이 살 곳을 잃고 있다는 사실을 국제사회에 알렸다. 1959년에 한 시골 마을에서 태어난 리고베르타 멘추는 혼란한 시대에 성장했다. 아버지는 1980년에 동료 38명과 함께 스페인 대사관에서 원주민들에 대한 억압에 반대하는 시위를 벌이다 그곳에서 불이 나서 숨졌다. 남동생도 식구들이 지켜보는 데서 군인들에게 화형당했다. 리고베르타 멘추 본인도 한때 멕시코로 피해 있어야 했다.

리고베르타 멘추는 1992년 노벨 평화상 수상자로 선정되었는데, 당시로서는 역대 최연소 수상자였다.

세계의 인권

세계인권선언 60년, 지금 세계는 어떤가?

유엔과 국제사면위원회를 비롯한 여러 기관과 단체에서는 해마다 인권 실태에 대해 중간 점검을 한다. 평가 결과를 보면 해마다 우울한 소식들이 들린다. 그래도 유엔 세계인권선언은 효과가 있었다.

60년 전 채택된 유엔의 세계인권선언이 아니었다면 세계는 인권 문제가 얼마나 심각한지조차 알지 못했을 것이고, 국가가 개인의 인권을 침해하고도 모른 척한다는 사실을 아무도 몰랐을 것이다. 세계인권선언은 잘못에 대해 정확하게 인식하도록 일깨워 주었다. 세계인권선언이 아니었다면 유엔의 인권 수호자들, 고등판무관, 인권형사재판소도 없었을 것이다. 그 누구도 범인을 지목하거나 처벌하지 않았을 것이다. 세계인권선언이 아니었다면 안 그래도 어려운 INGO의 활동이 더 어려웠을 것이다. 고문과 노예제도 금지, 여성의 평등한 권리를 위한 투쟁, 사형 제도 거부, 유럽인권재판소에서의 고발 같은 활동은 모두 세계인권선언을 근거로 한다.

인간이 2천 년이 넘는 오랜 시간에 걸쳐 사람이 선천적으로 타고나

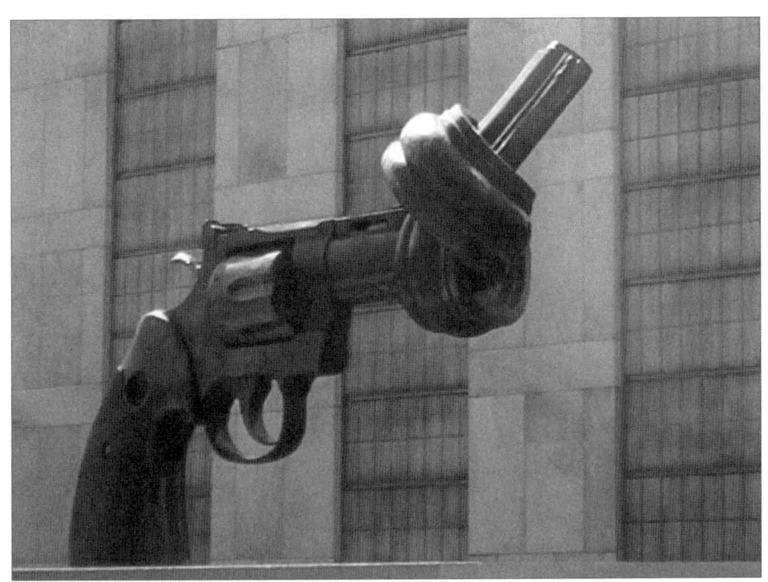

뉴욕 맨해튼의 유엔 본부 앞에 있는 '총신을 엿가락처럼 꼬아 놓은 권총' 조형물.

는 권리를 '발견' 했다는 사실을 생각하면 지난 60년 동안 일어난 일들은 실로 대단한 것들이다. 백 년 전만 해도 유럽에서는 다른 대륙에 사는 사람을 '구경거리'로 삼고 마치 동물원에 있는 동물처럼 대했다. 50년 전에는 결혼한 여자가 노동 계약서에 손수 서명하지 못하고 반드시 남편의 서명을 받아 와야 했다. 우리 부모님이 아직 어렸을 적만 해도 잘못했을 때 매를 맞는 것은 당연한 일이었다. 물론 가장 두드러진 변화는 모든 권리에 대한 이해와 지식이 뿌리내리고 있는 사람들의 머릿속이 변화한 것이다.

이러한 많은 것들이 바뀌었기에 유엔이나 기타 비정부 단체들에서 해마다 조사하는 인권 실태는 큰 의미가 있다. 이러한 실태 조사로 나타난 결과는 아주 먼 곳에 있는 사람이 당하는 고통을 가깝게 느끼게 해주며, 우리의 행동이나 우리나라가 다른 나라 사람의 삶과 행복에 어떤 영향을 미치는지, 어느 만큼 영향을 미치는지를 생각해 보게 해준다. 하루에 10만 명이나 되는 사람들이 식량이 부족해서 죽는다. 11억 명이 오염된 물을 마신다. 22억 명이 위생 문제 때문에 죽는다. 그 가운데 10분의 9가 5세가 안 된 어린이다. 해마다 2백만 명이 인신매매와 노예제도 때문에 희생된다. 지구에 사는 사람들 가운데 10억 명이 글을 쓰지도 못하고 읽지도 못한다.

전쟁은 어디에서 일어나는가?

한 국가는 다른 나라가 공격을 해올 때만 전쟁을 할 수 있다.
유엔의 헌장에 이렇게 명시되어 있다. 그러나 많은 나라가
여러 가지 이유 때문에 폭력을 쓰고 있다.

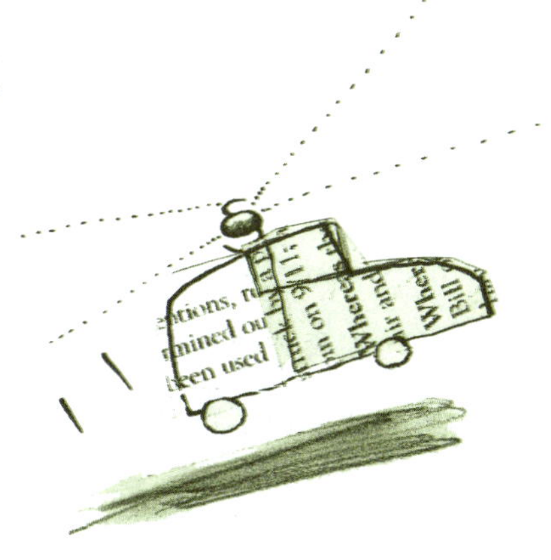

전쟁 및 평화 조사 기관이 해마다 집계한 백 건도 넘는
수많은 폭력적인 대립 중 대부분은 비정부 단체가 국가를
공격해 일어난 것이다. 시민 전쟁과 기타 무장 대립은 군
인이 아닌 특정 민족이나 집단과 기득권 세력이 고용한 사람들이 투입
된 싸움이다. 폭력으로 희생된 사람 3명 가운데 2명은 민간인이며 대부
분 여성이나 어린이다. 군대, 경찰, 기타 전투력이 범죄 집단과 폭력 세
력을 지원해 주는 경우도 가끔 있다. 그 와중에 무기 거래상이나 무기
생산업체들은 많은 돈을 번다.

대부분의 갈등은 아프리카에서 일어난다. 다르푸르 한 지역에서만
2003년에서 2006년 사이에 20만이 넘는 사람이 죽었고, 250만 명이 삶
의 터전을 잃었다. 적대 관계에 있는 집단에 속한 사람들은 이웃 국가

하이델베르크연구소 같은 국제 분쟁 조사 기관들은 해마다 발생하는 전쟁의 수를 조사하고 원인을 밝혀낸다.

로 피신해도 그곳에서까지 추격을 당한다. 에티오피아, 부룬디, 코트디부아르, 에리트레아, 콩고, 세네갈, 소말리아에서도 폭력으로 인한 갈등이 난무했다(2007년 기준).

남아메리카와 중앙아메리카에는 한 나라의 군대 수준으로 무장한 준군사 조직과 범죄 집단들이 활동한다. 아프가니스탄과 이라크에서는 근본주의자들이 테러와 전쟁을 일으킨다. 스리랑카와 태국 남부 지역에서는 종교 때문에 분쟁이 끊이지 않는다. 터키에서는 정부군과 쿠르드족이 갈등하고 있다. 중동에서는 이스라엘과 팔레스타인이 영토 문제로 싸우고 있다.

어떤 국가가 사형으로 처벌하는가?

모든 사람은 생존할 권리가 있다. 그런데 많은 나라에서는 여전히 사형 제도가 살아 있으며 사형이 집행되고 있다. 국제사면위원회의 조사에 따르면, 2007년에는 64개 국가에 사형 제도가 남아 있었다. 그 가운데 29개국에서는 사형선고를 내렸지만 실제로 집행하지는 않았다.

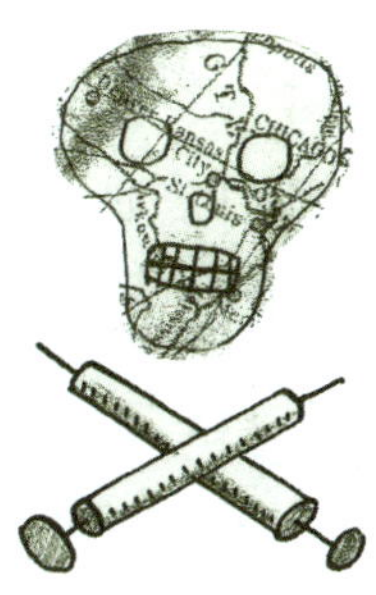

사형선고를 받고 집행을 기다리는 사람의 수는 국제사면위원회에서 조사해 본 결과, 적어도 2만 명이 되는 것으로 드러났다. 2006년에는 25개 국가에서 사형이 선고된 1,591명에게 실제로 사형을 집행했다. 집행 방식은 목을 베어 죽이는 참형, 돌로 쳐 죽이는 투석형, 목을 매다는 교수형, 가스형, 독극물 주사형, 전기의자형 따위로 다양했다. 중국에서만 1,010건이나 되는 사형이 집행되었다. 게다가 국제사면위원회는 실제로 중국에서 비공식적인 사형이 7천 건 더 집행되었다고도 본다. 중국은 침묵하며 진실을 밝히지 않는다.

미국에서는 50개 주 가운데 12주가 사형 제도를 폐지했다. 1973년 미국에서는 1,099명이 전기의자형 또는 독극물 주사형으로 처형되었다.

생존은 인권이며 죽음은 되돌릴 수 없다. 판사들이 실수할 수도 있으므로 유엔은 사형 제도를 폐지해야 한다고 주장한다.

2006년 미국에서는 53명이 사형을 당했고, 이란에서는 177명, 파키스탄에서는 82명, 이라크와 수단에서는 65명씩이나 사형장에서 죽었다.

살인 같은 중범죄를 저질렀을 때뿐만 아니라 더 가벼운 이유로도 사형을 당하고 있다. 싱가포르에서는 마약 범죄자, 사우디아라비아에서는 동성애자, 아랍에미리트에서는 환경 파괴범에게 사형을 선고한다. 파키스탄과 이란에서는 유엔 협약에 금지되어 있는데도 18세 이하 청소년에게도 사형을 선고한다. 90개국에서는 사형 제도를 폐지했고, 그 가운데 하나인 독일도 1949년에 기본법을 제정하면서 사형 제도를 폐지했다. 유럽에서는 유럽연합 덕분에 사형이 금지되었고, 유럽연합뿐 아니라 벨라루스를 제외한 유럽 대륙에는 모두 사형 제도가 없다.

# 고문은 어디에서 자행되는가?

구타, 전기 충격, 익사 직전까지 가하는 물고문, 성폭행, 위협 등은 모두 고문의 방법이 된다. 안전한 생존에 대한 권리는 예외가 적용될 수 없는 인권이기 때문에 고문은 절대 허용될 수 없다.

다시 말해 아무리 국가가 위기에 처해도 고문을 해서는 안 된다. 바로 유엔이 합의한 내용이다. 고문은 인간의 가치를 무시하는 행위이며 고문에 대한 두려움 자체가 인간의 존엄성에 상처를 입히기 때문이다. 유엔은 고문이란 원하는 증언이나 고백을 받아 내기 위해, 상대방을 굴복시키거나 벌하기 위해 국가의 명령에 따라 한 사람이 다른 사람에게 가하는 모든 신체적·정신적 폭력이라고 정의한다. 고문이라고 하면 우리는 독재자나 떳떳하지 못한 나라를 떠올리지만 민주주의국가에서도 고문 사례가 늘어나고 있다.

국제사면위원회는 알제리, 이집트, 이란, 이라크, 요르단, 쿠웨이트, 리비아, 사우디아라비아, 시리아, 튀니지, 예멘과 같은 민주주의와 거리가 먼 나라를 고문 국가로 분류한다. 하지만 민주주의국가에서도 정치적으로 골칫거리인 사람을 고문하거나 학대하는 사례가 지난 몇 년 사이 증가했으며 대표적인 나라가 미국이다. 미국이 '테러와의 전쟁'을 선포한 이래 미군이나 미국 비밀 정보부에서 체포한 사람들이 고문을 당하는 사건이 몇 번 일어났다. 가장 극단적인 예가 쿠바의 관타나모 미군 기지 사건이다. 이라크에서도 아부그라이브 교도소에서 끔찍한 고문을 하는 장면이 담긴 사진이 발견되어 온 세계에 공개되었다. 독일은 동맹국인 미국이 원하는 대답을 받아 내기 위해 납치와 고문을 일삼는 것을 알면서도 침묵했다고 비난받았다.

차별이 심한 곳은 어디인가?

차별과 인종 증오는 한 국가에서 민족이나 소수집단, 다른 종교를 믿는 사람이나 외국인이 제도적으로 불이익을 받으면서 시작된다. 일상생활에서도 우리는 개인과 개인 사이에서 차별을 하기도 한다.

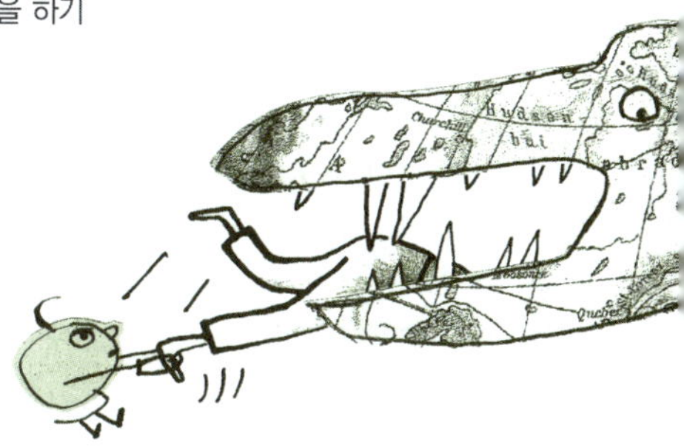

유대인이나 이슬람교인 및 기타 외국인에 대한 증오 때문에 일어나는 공격, 폭력, 모욕 사건이 보도되지 않는 날이 거의 없을 정도이다. '선진화' 되었다고 하는 유럽의 정치인들도 인종 차별주의 표현을 담은 강령이나 구호를 외치거나 다른 인종을 모욕하기도 하고, 선거 때 표를 더 많이 얻기 위해 사람들이 낯선 사람에 대해 두려움을 느끼게 한다.

차별은 다른 사람을 불평등하게 대하는 것, 또는 다른 사람을 무시하는 행위를 말한다.

독일 경찰은 2006년 한 해 동안에만 인종주의와 외국인 증오 때문에 1만 2천 건에 달하는 범죄가 일어났다고 보도했다. 소수자 집단을 무시하는 것을 비롯해 외국인을 괴롭히고 모욕하는 것에 그치지 않고 살해하는 사건도 있었다. 많은 경우 단지 외국인이라는 이유로, 단지 겉모습이 조금 다르다는 이유로, 유대교나 이슬람교 같은 다른 종교를 믿는다는 이유로 인권을 침해당한다. 게다가 얼마나 자주, 언제, 어디에서, 누군가에게 괴롭힘과 무시, 모욕, 학대, 차별을 당하는지는 정확하게 파악되지도 않고 공개되지도 않는다. 이탈리아, 벨기에, 프랑스와 같은 국가에서도 외국인 증오나 인종주의 문제가 커지고 있다. 동유럽에서는 로마와 신티족이 위협받고 무시당한다. 로마와 신티족의 아이들은 학교를 다니지 못하는 경우가 많다. 발트해 연안에서는 정부 기관에서 러시아 혈통의 사람들에게 노동권을 인정해 주지 않는다.

몽둥이를 들고 외국인을 괴롭히는 사람만을 인종주의자라고 생각할 수도 있지만 그렇지 않다. 인종주의는 사람이 다른 사람 위에 군림하려고 하고, 다른 사람을 무시하고 다른 사람에 대해 나쁘게 말을 하고, 다른 사람의 특징을 핑계 삼아 놀리는 행위를 하는 순간부터 시작된다.

사람의 가격은 얼마이고 '현대판' 노예는 누구인가?

2백년 전에 노예제도는 사라졌다. 유엔은 노예제도를 금지했다. 그런데도 여전히 무기와 마약뿐 아니라 사람을 사고팔아 돈을 버는 사람들이 있다.

아프리카에서는 30유로를 주면 어린이 한 명을 살 수 있다. 해마다 20만이나 되는 어린이가 농장이나 개인 가사도우미로 팔려 간다. 유엔의 국제노동기구(ILO)는 인류 역사상 오늘날처럼 노예가 많은 적이 없었다고 보고한다. 노예로 생활하면서 자유를 완전히 박탈당하고 다른 사람에게 예속되어 있는 사람은 약 2천7백만 명인 것으로 추산된다. 그 가운데 절반이 어린이와 18세가 안 된 청소년이다. 여기에는 '부채 노예'로 사는 사람의 수는 넣지도 않았다. 부채 노예는 특히 아시아권(예를 들어 인도)에서 볼 수 있는 노예의 하나로 건설 현장, 농촌, 실크나 카펫 공장 같은 곳에서 노역을 한다. 부채 노예로 사는 어린이들은 대부분 평생 빚을 갚기 위해 노동을 해야 한다.

국제노동기구 통계에 따르면 온 세계에서 인신매매로 연간 총 240만

명이 거래되고 있고, 인신매매로 4백억 유로 이상의 수익이 난다고 한다. 특히 여성 매매가 많은 이익을 남기는데, 인신매매범들은 주로 동유럽, 아시아, 아프리카, 라틴아메리카 여성에게 외국에 일자리를 소개해 준다고 유혹한 다음 매춘 업소에 팔아넘기곤 한다. 이런 인신매매범의 고객은 주로 서유럽, 북아메리카, 아시아 국가 들이다.

한국에는 50만 명이나 되는 이주 노동자가 들어와 있다. 외국인고용허가제에 따라 3년이 지나면 다시 수속을 밟아야만 고용 상태를 유지할 수 있는데, 고용주의 부당한 대우에 시달리다 다른 사업장으로 옮겨 간 외국인 노동자의 경우 기간 연장이 불가능하다. 이 때문에 전체 이주 노동자의 대략 10분의 1에 달하는 사람들이 불법으로 체류하게 되었다. 이들은 고용주의 폭력이나 임금 체불 등에도 반발하지 못하고 강제 추방당하지 않기 위해 노예와 같은 생활을 하고 있다.

난민에게 문을 닫는 자는 누구인가?

유엔은 난민이란 고향에서 전쟁과 추격이 두려워 다른 나라로 피신하는 사람이라고 정의한다. 점점 더 많은 사람이 난민이 되고 있는데, 최근에는 배고픔과 결핍에서 벗어나기 위해 난민이 되기도 하고, 외국이 아닌 자기 나라 안에서 난민이 되기도 한다.

유엔의 조사 결과에 따르면 난민의 수가 5천만 명에 달한다고 한다. 그 사람들 가운데 일부만이 제네바협약의 혜택을 누릴 수 있다. 이 협약은 전쟁과 추격 때문에 고국을 떠날 수밖에 없는 사람들을 다른 국가가 보호해 주어야 한다는 내용을 담고 있다. 2006년 제네바협약으로 혜택을 받은 사람은 남녀노소 합쳐 총 9백만 명 정도였다. 그러나 약 2천5백만 명 이상이나 되는 사람들이 자기 나라 안에서 살던 곳을 떠나 안전한 곳으로 피신했다. 이들 '국내 난민'도 구조의 손길을 기다리고 있지만 다른 나라로부터 도움과 지원을 받을 법적 근거가 없다. 그 밖에 굶주림이나 궁핍한 삶 때문에 살아남기 어려워 자기 나라를 떠나는 난민들도 도움을 받지 못하고 있다.

> 1951년에 채택된 제네바협약(난민의 지위에 관한 협약)과 함께 유엔은 전쟁 때문에 또는 추방당해 고향을 떠나야만 하는 사람들을 보호하고 지원하겠다는 의지를 보였다.

여기에 유엔 난민고등판무관사무소(UNHCR)에서 1억 7천5백만 명
으로 추산하는 이주 노동자들도 있는데, 이들 또한 결핍
때문에 다른 나라로 떠난 사람들이다. 따라서 이주 노동자
들도 도움의 손길을 절실히 바란다. 유엔 난민고등판무관
사무소는 '난민'을 다시 정의해야 한다고 촉구한다. 대개 '부자' 나라
라고 할 수 있는 유럽에서는 점점 더 난민을 받아 주지 않으려고 해서
유엔 난민고등판무관사무소로부터 이기적이고 잔인하다는 지적을 받
는다. 실제로 선진 산업국에 비해 경제 상황이 나쁜 아시아나 아프리카
의 많은 국가들이 난민을 더 많이 받아 주고 있다.

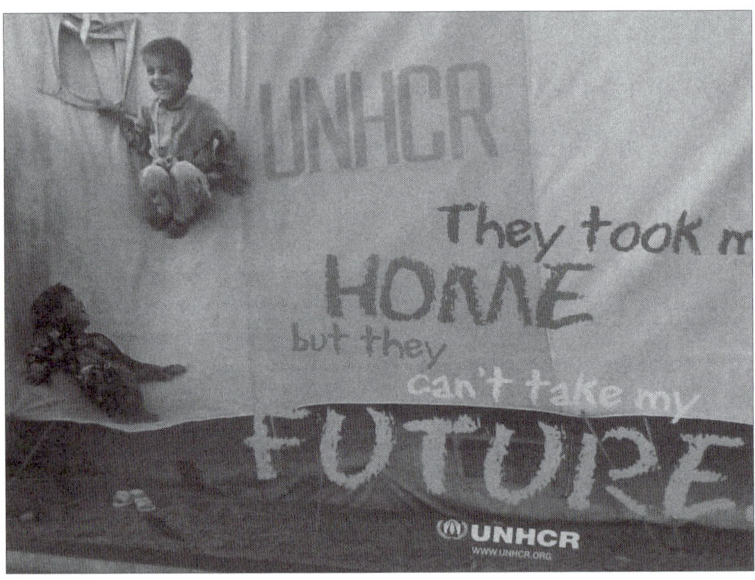

6월 20일은 유엔이 정한 '세계 난민의 날'이다.

누가 아이들을 학대하는가?

어린이들이 돌을 다듬고 카펫을 만들고 블라우스를 만들기 위해 바느질을 하고 농장에서 밭일을 하고, 지뢰 수색을 하며 무기를 들고 전쟁터로 나간다. 지구에 사는 어린이 가운데 50만 명은 노동자로, 군인으로 학대당한다.

세상에는 어쩔 수 없이 아이들도 돈을 벌어야만 하는 가정이 있다. 유럽에도 그러한 가정들이 있다. 만약 어린이가 노동 때문에 건강을 위협받거나, 학습과 놀이를 할 시간을 주지 않아 자기 개발을 할 수 없거나, 치료하기 힘든 신체적·정신적 상처를 입는다면 그것은 모두 아동 학대가 된다.

한편, 사람을 죽이라는 명령을 받고 전쟁터로 내몰리는 2억 5천 만명의 어린이들이 있다. 살인한 경험이 있는 사람이나 죽음 직전의 두려움을 체험한 사람은 그 경험을 평생 잊지 못한다. 만약 이제 막 성장하기 시작한 어린아이라면 그러한 경험이 가슴에 더더욱 깊이 새겨질 것이다. 어린이 군인은 완전히 금지되어 있지만 콜롬비아, 미안마, 필리핀, 인도네시아와 같은 나라에 있는 많은 단체와 군부대는 어린이에게 무기를 들려 전쟁터에 내보낸다.

유엔이 집계한 결과에 따르면 노동 착취를 당하는 어린이의 수는 어린이 군인의 수에 버금간다. 그 가운데 절반이 15세 미만이며, 심지어 5세밖에 안 된 아주 어린 아이들도 적지 않다. 노동자 어린이들은 새벽부터 밤늦게까지 커피, 차 따위를 재배하는 대형 농장에서 힘든 일을 하며 농약이나 뜨거운 태양의 위험에 그대로 드러나 있다. 공사 현장, 채석장, 광산 같은 곳에서 일하는 아이들 또한 아주 위험한 환경에서 고된 노동을 한다. 어린이 노동 문제는 먼 나라 이야기가 아니다. 남유럽이나 동유럽에서도 옷이나 신발을 생산하는 업체에서 바느질을 하는 어린이, 공장에서 저임금을 받으며 일하는 어린이들이 있다.

지구에서 기후가 가장 더운 지역 가운데 하나인 동남아프리카 말라위의 어린이들이 노동하는 모습이다. 이 아이들 대부분은 부모가 에이즈로 죽은 고아들이다.

여성 인권은 어떻게 병들어 가는가?

여자가 남자에 비해 신체적으로만 불리한 것이 아니다. 여자는 남자에 비해 차별이나 폭력에서 보호받을 기회가 적거나 아예 없고, 권리도 제한을 받으며, 교육이나 경제력에서 불리한 위치에 있다. 그래서 여자는 연약한 존재가 된다.

폭력, 금기, 강제 결혼과 같은 일들만 여성의 존엄성을 짓밟는 것은 아니다. 여성의 인권은 세계 곳곳에서 여성들이 느끼는 공격과 성폭력에 대한 두려움에서부터 손상을 입는다. 몇몇 통계 수치를 보면 여성이 느껴야 하는 두려움이 어느 정도인지 짐작할 수 있다. 선진국이라고 하는 독일이나 미국에서도 16세에서 85세 사이 여성의 3분의 1이 적어도 한 번은 폭력을 당한 경험이 있으며, 그 가운데 4분의 1은 남편이나 남자친구에게 폭력을 당했다. 그러나 이런 문제가 생겨도 대개는 개인 문제나 가정사라고 여겨져 여성은 도움을 받지 못한다.

거의 모든 나라에서 할례를 금지하고 있는데도 1억 3천만 명이나 되는 여자아이들이 할례를 당하며, 심지어 아기일 때 피해자가 되는 경우도 흔하다.

온 세계에서 20세부터 24세 사이의 여성 3명 가운데 1명은 이미 어릴 적에 강제 결혼을 한 경험이 있다. 또한 매분마다 임신 기간이나 출산할 때 의료 혜택을 받지 못해 여성 한 명이 죽는다. 연간 90만 명에 달하는 이들 여성 사망자 가운데 10분의 1은 아시아와 아프리카 여성들이다.

동남아시아 지역에서는 태아가 여자아이로 밝혀지면 임신중절수술을 하는 경우가 많고, 세상에 태어난다 해도 아들보다 덜 중요한 존재로 취급받아 제대로 영양 공급을 받지 못하거나 보살핌을 받지 못한다. 조금 자라서는 여자라는 이유로 학교에 다니지 못한다. 그래서 여자는 남자와 똑같은 일을 하고도 더 낮은 임금을 받기 일쑤인데, 이런 경우는 유럽에서도 흔히 있는 일이다.

누가 진실을 가로막는가?

기자를 저지하고 진실을 왜곡하며 정보의 자유를 우롱하는 사람들은 누구인가? 인터넷의 발달로 우리는 정보에 대한 권리를 국경 없이 누릴 수 있다. 오늘날 진실을 왜곡하려는 자들은 블로거와 네티즌의 감시를 받는다.

한국에서도 권위주의 시대에 기자들이 감시당하고 전화 내용을 도청당하고 언론의 자유를 누리지 못하도록 저지당했다. 신문, 라디오, 텔레비전 같은 매체는 오해를 밝혀내고 권력자들을 감시하고 대중에게 정보를 제공할 의무가 있다. 그러기 위해서는 기자들이 문제에 다가갈 수 있어야 한다. 그러나 만약 기자가 전화 내용을 도청당하거나 이메일을 감시당한다면 진실을 파헤치기가 두려워질 것이다. 그러나 결국 진실은 밝혀진다.

언론 검열이란 국가가 보도될 내용을 사전에 검토하고 국가가 원하는 대로 조작하는 걸 말한다.

독재자가 지배하는 나라에서는 기자뿐 아니라 블로거들도 위협을 받는다. 블로거들은 진실을 왜곡하려는 자들에게 '걸려들면' 마음껏 활동할 수 없게 제약받거나 위협받고, 심하게는 감금을 당한다. 중국에서는 2007년에 적어도 인터넷 기자 50명과 블로거들이 감옥에 갇혔고, 베트남, 시리아, 튀니지, 리비아, 이란에서도 2006년 한 해 동안 60명이 체포되었다. 떳떳하지 못한 미얀마 정부에게는 인터넷의 발달이 걸림돌이 되었다. 기자와 야당 세력이 인터넷으로 장군들이 시위대원들을 어떻게 진압하고 학대하고 납치했는지를 알리며 정보를 공유했다. 국경없는기자회가 언론의 자유와 관련해 해마다 발표하는 실태 '보고'에 따르면, 2006년에는 온 세계에서 언

검열을 비판하는 내용을 담은 국경없는기자회의 캠페인 광고.

국경없는기자회가 발표한 2006년 언론의 자유를 탄압한 공식적 목록에는 아프가니스탄, 방글라데시, 이라크, 파키스탄, 팔레스타인 자치정부가 올랐다.

론계 종사자 2백 명이 구금당했고 그 가운데 81명은 목숨을 잃었는데, 이라크에서만 64명이 죽었다. 중동 지역과 북아프리카에서도 기자들이 납치당했다. 비민주주의국가에서는 여전히 날마다 정보를 통제하고 검열한다.

두려움이 어떻게 우리의 권리를 제한할까?

두려움은 반갑지 않은 손님이다. 테러와 인권이라는 주제를 놓고 생각해 보면 바로 이해가 된다. 2001년 9월 11일, 미국에서 발생한 테러와 그 뒤로 마드리드와 영국에서 일어난 테러 공격으로 점점 더 많은 국가가 자유를 제한하고 있다.

많은 경우 국가는 안전을 이유로 법치주의와 자유권을 침해한다. 그리고 극단적으로 생존에 대한 인권과 고문 금지 원칙까지도 쉽게 깨버리고 만다. 몇몇 예에서 안전이라는 이름 아래 어떤 일들이 일어나는지 살펴보자. 런던에서는 2005년에 한 청년이 경찰이 쏜 총에 머리를 맞아 죽었다. 경찰은 청년이 브라질에서 온 외국인인 데다가 이슬람계 폭탄 테러범으로 의심되는 사람들과 같은 집에 산다는 이유로 총을 쐈다는 것이다.

> 극단적인 이슬람교도들은 폭력을 휘두르면서 그것이 이슬람교의 가르침이라고 주장한다.

미국에서는 최근 들어 미국 시민 약 1천2백 명이 이슬람계 집안 출신이라는 이유로 체포되었다. '테러와의 전쟁'을 선포한 미국은 반드시 지켜야 할 고문 금지 원칙마저 무시하고 무력을 써서 원하는 증언을 얻어 냈다. 스웨덴에서는 어떤 사람이 이슬람 국가인 소말리아에서 왔다는 이유만으로 은행 거래를 거절당한 적도 있었다. 호주에서는 아프가 니스탄에서 온 망명 신청자를 아프가니스탄이 테러범의 본산지라는 이 유로 철창에 가두었다. 러시아는 테러를 퇴치한다는 명분을 내세워 이 웃에 있는 이슬람교 국가인 체첸에서 군사 활동을 폈고, 중국은 이슬람 교 운동가들을 체포했다.

외국인이라는 이유로, '잘못된' 사람들을 알고 있거나 '혐의가 있는' 사람의 이웃이라는 이유만으로 경찰에게 위협을 받거나 심지어 '예방 차원에서' 살해될 위험이 있다면, 그런 나라에서 어떻게 편안하고 안전 하게 살 수 있겠는가? '다르게' 생겼다는 이유만으로, 다른 종교를 믿 는다는 이유만으로 언제든지 국가가 어떤 사람을 위험 요소라고 규정 한다면 그 나라에서 안전하다고 느끼며 살 수 있겠는가?

유럽연합이 외국인을 더욱 철저하게 감시하겠다는 목적으로 유대인 과 유대교회당을 조사하자 모든 외국인에게 위험 인물이라는 낙인이 찍 혔다. 그 결과 오히려 반외국인주의가 뿌리내리기 시작했고, 이미 외국 인에 대해 적대감이 있던 지역에서는 무책임한 정치인들이 그 감정을 정치적으로 이용해 외국인을 증오하는 분위기가 더욱 심해졌다.

국가가 테러에 대한 두려움 때문에 비밀 요원을 동원해 시민들의 전 화를 도청하고, '테러리즘' 같은 단어를 인터넷에서 검색한 시민을 용 의자 선상에 올리고 있는 것이다. 뿐만 아니라 의사소통의 자유, 정보의 자유와 함께 교육과 의견에 대한 권리도 침 해하기 시작했다. 권리를 제한하는 것은 민주주의의 뿌리 에 도끼를 내리찍는 것이나 마찬가지이다.

민주주의의 통제 기능이 올바로 작동하면 법원이 인권에 반하는 안전 조치를 막거나 없앨 수 있다. 독일에서는 독일연방군이 테러범이 납치한 비행기를 격추시켜야만 더 큰 위험을 막을 수 있다면 그렇게 하도록 보장하는 법을 제안했지만 저지되었다. 연방헌법재판소는 국가가 다른 사람의 안전을 위해 승객들의 목숨을 희생시킬 권한은 없다고 판결했다. 아직까지 법치주의가 살아 있는 국가에서는 그나마 이러한 통제를 할 수 있지만, 권리나 법이 큰 효력을 발휘하지 못하는 나라에서는 그럴 수 없다.

세상은 누구의 것일까?

"영국이 영국인들이 누리는 생활수준을 유지하기 위해 지구의 절반을 써야 한다면, 인구가 훨씬 더 많은 인도는 자국민에게 영국인들과 똑같은 생활수준을 보장하기 위해 도대체 몇 개의 지구를 필요로 한단 말인가?" 마하트마 간디는 약 75년 전에 이렇게 반문했다.

인도의 운동가 간디의 이 질문은 당시 인도를 지배하던 식민 지배국인 영국을 겨냥한 말이었다. 오늘날에는 영국 대신 북반구에 분포되어 있는 부유한 선진 산업국들을 대입해야 한다. 여기에 사는 우리는 필요한 모든 것을 다 갖추고 있지만 저개발국에서는 사람들 대부분이 여전히 생존을 위해 투쟁하고 있다. 세계식량계획의 보고에 따르면 온 세계 농경지에서 총 120억 명이 배불리 먹을 수 있을 만큼 식량을 생산하는데도 그렇다. 지구 전체 면적의 절반 정도 되는 땅에 사람이 살고 있고, 전체 인구의 10명 가운데 9명은 제3세계 국가 즉, 저개발국에 살고 있다. 경제 발전을 이루기 위해 안간힘을 쓰고 있는 국가들을 저개발국 또는 개발도상국이라고 표현한다.

그러나 설사 경제 발전을 이룬다고 치자. 그래도 우리가 지금 누리는 이 모든 것을 그곳에 사는 사람들은 평생 경험해 보지도 못하고 죽을 가능성이 더 크다. 왜냐하면 부자 나라에 사는 10퍼센트의 사람들이 이미 자연과 환경을 파괴해 버렸기 때문이다. 지구의 자원은 한정되어 있는데 선진 산업국가에서 이미 자원을 거의 다 써버렸다. 세계화를 비난하는 사람들과 환경보호 단체들의 보고에 따르면 연간 소비되는 에너지의 4분의 3만큼 되는 피해가 우리에게 돌아온다는 것이다. 다시 말해 우리는 유해한 이산화탄소의 80퍼센트를 그대로 공기 중으로 내보내 공기를 오염시켜 지구의 온도가 올라가게 하고 결국 기후를 변하게 만든다. 그 피해는 아무 힘이 없어 대항할 수 없는 사람들, 에너지를 전혀 사용하지도 않은 사람들이 입게 된다.

남아프리카와 호주의 일부 지역에서는 벌써 심각한 물 부족 현상이 나타나 안 그래도 물이 부족한 농경지가 말라 가고 있다. 지구 북반구

짐바브웨의 한 여인이 가뭄이 들어 망가진 옥수수 밭에서 옥수수 알갱이를 찾고 있다.

에 있는 다국적 기업들은 남반구에 매장되어 있는 자원을 사용한다. 물론 우리 모두 필요한 자원이다. 그러나 문제는 그 자원을 써서 가난한 나라의 권력자나 부자만 돈을 벌고 가난한 국민은 그나마 농사지을 땅과 삶의 근간마저 잃어버린다는 것이다. 소말리아, 콩고, 라이베리아 같은 나라의 국민은 이런 거래 때문에 생존을 위협받고 있다. 중국에서는 국가가 환경보호를 중요하게 여기지 않아 기업들이 자원을 다 써버려 강바닥이 드러나고 수위가 낮아졌다. 인도에서는 세계에서 규모가 가장 큰 음료 기업이 인도의 수자원을 남용하고 폐기물로 강을 오염시켰다.

한편, 자원 고갈 문제가 심각한 나라를 보면 대개 정부가 나서서 대형 기업의 투자를 유치해 스스로 자원 남용을 부추긴다. 선진 산업국들은 이런 초대를 거절할 이유가 없다. 지구 북반구와 서방세계의 기업들이 자원을 구입하는 데 들여야 하는 비용을 절약할수록 이들 국가는 더욱 부유해지기 때문이다. 유엔은 세계 경제계에 "국제 합의(global compact)"를 외치며 인간의 존엄성을 살리는 경제활동을 하자고 호소한다.

7장

한국의 인권

국가가 사람들을 마음대로 잡아가고 고문하는 일은 계속되고 있나?

사극을 보면 포졸들이 죄인을 잡아가거나 감옥에 가둬 두거나 죄를 자백하라면서 고문을 하는 모습이 자주 나온다.

하지만 과거와 달리 지금은 영장주의에 따라 경찰이 사람을 체포하거나 가둬 두려면 영장이 있어야 하고 법이 정한 엄격한 절차를 따라야 한다. 함부로 사람들의 인권이 침해당하는 것을 막기 위해서이다. 또한 사람을 고문하는 일은 어떤 식으로든 금지되어 있다. 신체의 자유를 인권으로 보장하고 있기 때문이다.

하지만 한국에서는 바로 얼마 전까지만 해도 이런 일이 자주 일어났다. 국가안전기획부(지금의 국가정보원)는 정부 정책에 반대하는 사람들이나 인권 활동가들, 민주화 운동가들을 마음대로 체포하고 가둬 두고, 자신들이 원하는 걸 알아내거나 자백을 받아 내기 위해 사람들을 고문하기도 했다. 서울 남산 '대공분실'은 국가안전기획부가 사람들을 가둬 두고 고문하는 것으로 악명이 높았던 장소다. 경찰이 피의자를 폭행하거나 고문하는 일도 자주 일어났다.

민주화 운동 과정에서 여러 굵직한 고문 사건들이 사회적으로 공론화되었다. 1985년, 민주화운동청년연합 의장이었던 김근태가 대공분실에서 거짓 자백을 강요받으며 고문을 당한 사건과 1986년, 부천경찰서에서 노동운동을 하던 대학생 권인숙을 부천경찰서 형사가 성폭행한 '부천서 성고문 사건', 그리고 1987년에는 대학생 박종철이 함께 대학생 운동을 하던 다른 동료에 대한 정보를 말하지 않는다는 이유로 대공분실에서 폭행, 전기고문, 물고문 등을 당해서 사망한 고문치사 사건이 가장 대표적이다.

박종철 고문치사 사건 이후 정부에서는 '탁' 하고 책상을 치니까 박종철이 '억' 하면서 갑자기 죽었다는 거짓말로 사건을 덮으려고 했다. 그러나 사건의 진상이 알려지면서 이에 분노한 많은 사람들이 거리로 나왔고 민주주의와 인권 보장을 요구하는 목소리는 더욱 높아져 갔다. 결국 박종철 고문치사 사건은 1987년 6월 민주화 항쟁으로 이어졌고, 대통령 직선제 도입을 비롯해 대한민국의 민주주의와 인권을 한 걸음 더 나아가게 하는 계기가 되었다.

그러나 1987년 이후로도 국가안전기획부나 검찰, 경찰 등이 사람들의 신체

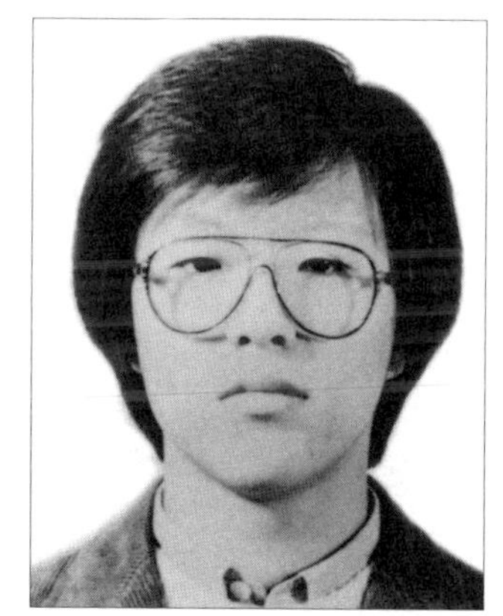

1987년 6월 항쟁의 도화선이 된 박종철.

의 자유를 함부로 침해하는 일이 완전히 사라지지는 않았다. 여전히 많은 사람들이 정권에 비판적이라거나 범죄가 의심스럽다는 이유로 불법적으로 감금되거나 고문을 당하곤 했다. 2000년대에도 국가기관이 피의자들에게 잠을 안 재우는 고문을 하거나 폭행, 물고문 등을 한 사건들이 있었다. 2010년에는 경찰들이 피의자들 수십 명을 폭행하고 고문했다고 국가인권위원회가 조사 결과를 발표해 사회에 파문을 일으켰다.

법의 테두리 안에서도 신체의 자유가 완전히 보장되고 있는 것은 아니다. 경찰, 검찰, 국가정보원 등 수사기관에서 현행법을 악용해 강압적인 수사를 한다거나, 불필요하게 체포·구속·소환 등을 남용하고 있다는 비판도 적지 않다. 집회나 시위를 진압할 때 경찰의 폭력이 지나치다는 지적도 계속되고 있다. 또한 국제기구에서는 국가기관에 의한 신체의 자유 침해뿐 아니라 체벌이나 학대, 집단 폭행 등도 신체의 자유 침해로 보고 이를 없애기 위한 노력을 촉구하고 있다.

국가는 어떻게 개인의 생각을 감시해 왔을까?

만약 다른 사람들이 내 생각을 모두 읽을 수 있다면 어떤 기분이 들까? 만약 학교에서 선생님을 보며 "저 선생님은 정말 마음에 안 들어. 한 대 때려 주고 싶어"라는 생각을 했을 때, 선생님이 내 생각을 읽고 벌을 준다면 어떨까?

사람들의 생각이 다른 누군가에게 감시당하고 그 생각 때문에 때때로 처벌을 받기도 한다면 그 사회는 참 '무서운' 사회일 것이다. 하지만 국가는 국민들을 좀 더 쉽게 다루기 위해 우리가 자유롭게 생각하는 것을 통제하고 싶어 한다. 한국에서도 마찬가지였다. 한국에서 과거 이승만, 박정희, 전두환 등의 독재자들은 자신들의 권력을 지키고 시민들을 억압하기 위해 수십 년이 넘도록 공산주의를 생각하는 것조차 금지했다. 공산주의를 주장하는 것은 곧 적국인 북한을 찬양하는 것이었다. 독재에 대해 비판하고 사회가 민주적인 방향으로 바뀌어야 한다고 말하면 공산주의자로 몰렸고, 북한이 보낸 간첩이라는 누명을 쓰기도 했다.

'사상의 자유'는 누구나 자유롭게 생각할 권리이다. 좀 더 쉬운 말로 하면 '생각의 자유'라 할 수 있다. 어떤 사람이 자본주의가 옳다고 생각하든 공산주의가 옳다고 생각하든, 그 중간의 형태가 좋다고 생각하든 국가가 이래라저래라 할 수는 없다는 것이다. 개인의 생각이 어떻든 간에 그런 생각을 하는 것은 그 사람의 자유이고 인권이기 때문이다.

한국 사람들이 사상의 자유를 보장받지 못하는 데에는 '국가보안법'이라는 법이 큰 역할을 하고 있다. 국가보안법의 기원은 일제강점기 때까지 거슬러 올라간다. 일제강점기 때 독립운동을 억압하기 위해 '치안유지법'이 만들어졌고, 해방 이후 미군정 시기에 미군정부는 한국에서 진보 성향의 정권이 들어서는 것을 막기 위해 치안유지법을 없애지 않고 그대로 두었다. 이승만 대통령은 이를 다시 '보안법'으로 이름만 바꾸어 사용했으며, 박정희 대통령이 그 '보안법'을 다시 '국가보안법'으로 만들었다. 지금까지 국가보안법은 수십 년의 세월 동안 사람들의 사상의 자유를 억압해 왔다. 국가보안법에 의하면 공산주의를 주장하는 것은 북한 체제를 찬양하는 것이며 공산주의 사상을 담은 책을 읽는 것도 문제가 될 수 있다. 그리고 이러한 일들은 사기나 강도 같은 범죄보다 훨씬 더 무거운 처벌을 받을 수 있다.

국가보안법이 국가 안보를 지키기 위해 꼭 필요하다는 주장도 있고, 남한과 북한이 휴전 상태인 지금의 상황에서는 그런 주장도 설득력이 있다. 그러나 국가보안법은 평화를 유지하는 데보다는 사회를 바꾸려는 사람들을 억압하고 사회에서 힘 있는 사람들을 지키는 데 많이 사용되었고, 사상의 자유와 표현의 자유 등을 침해하는 부작용이 크다는 지적이 있다. 때문에 국가보안법을 없애야 한다는 주장도 꾸준히 제기되고 있다.

유엔자유권위원회 등 국제 인권 기구들은 국가보안법을 폐지할 것을 여러 차례 권고했다. 인권 단체들과 여러 시민 단체들이 국가보안법 폐지를 요구하며 단식 농성을 하기도 했다. 노무현 정부 당시 국가보안법을 없애려고 했으나 한나라당의 반대로 국가보안법 폐지는 이루어지지 못했다. 결국 국가보안법은 일제에 의해 처음 뼈대가 만들어진 1924년 이후로 90년 가까이 그대로 유지되고 있다.

국가보안법은 한국의 대표적인 인권 문제로서 존폐를 둘러싸고 논쟁이 계속되고 있다.

국가보안법에 의해 사상의 자유를 침해당한 사례로 2008년 8월, 검찰이 '사회주의노동자연합(사노련)'이라는 단체에 소속된 오세철을 국가보안법 위반 혐의로 기소한 사건이 있다. 그가 사노련이라는 국가 반란 단체를 만들고 폭력 시위를 뒤에서 조종했다는 것이다. 수사 과정에서 검찰은 이들에게 구속영장을 법원에 청구했으나, 법원은 이유가 부족하다며 이를 두 차례 거절했다. 사회주의를 생각하고 주장하는 단체라는 이유로 사노련을 처벌하려는 것은 '사상의 자유 침해'라는 비판을 피할 수 없다.

청소년들이 국가보안법의 표적이 된 적도 있었다. 이른바 '샘 사건'이다. 이 사건은 청소년들에게 민족문화를 보급하기 위해 풍물 활동,

통일 활동 등을 하던 '샘'이라는 단체가 국가보안법 위반으로 기소된 사건이다. '샘' 활동을 한 사람들은 이적 표현물(북한을 이롭게 하는 표현물. 대개 북한의 사상을 담은 책이나 공산주의·사회주의에 관한 책 등)을 봤다는 이유로 유죄를 선고받았다.

샘 사건과 사회주의노동자연합 사건 외에도, 지금까지 국가보안법으로 인해 많은 사람들이 사상의 자유를 인정받지 못하고 처벌을 받는 사건들은 끊이지 않고 있어 왔다. 감옥에 가 있거나 재판을 기다리고 있는 사람들도 있다. 국가보안법은 수십 년 동안 이어져 온 한국의 대표적인 인권 문제 중 하나이다.

한국에서는 표현의 자유가 잘 보장되고 있을까?

만약 자기 의견을 인터넷에 글로 써서 올렸는데 처벌을 받는다면 얼마나 답답할까? 어떤 말이 적힌 티셔츠나 어떤 색깔의 옷을 입는 것이 불법이라면 얼마나 황당할까?

표현의 자유란 말, 글, 그림, 영상, 의복, 퍼포먼스 등 여러 가지 형태로 자기 생각이나 느낌을 전할 수 있는 자유, 그리고 다른 사람의 표현을 보고 듣고 찾아볼 자유를 뜻한다. 그리고 집회의 자유는 이런 표현의 자유를 여러 사람이 모여서 행사하는 것을 말한다. 표현의 자유와 집회의 자유는 자신들의 목소리를 내고 인권 상황을 개선하기 위한 수단이 되기 때문에 사회적 약자들에게 더욱 소중한 권리이기도 하다.

헌법 제21조는 "언론 · 출판에 대한 허가나 검열과 집회 · 결사에 대한 허가는 인정되지 아니한다"라고 하고 있다. 자기 의견을 말하는 것, 의견을 책이나 인쇄물로 내는 것, 여럿이 모여서 주장하는 것, 단체를 만드는 것을 갖고서, 정부에서 그 내용을 검열하거나 금지할 수 없다는 것이다. 물론 모

> 한국 헌법에는 표현의 자유에 관한 조항이 없고 언론의 자유와 출판의 자유에 관한 조항만 있다. 보통은 언론의 자유가 넓은 뜻에서 표현의 자유를 의미한다고 해석한다.

든 표현이나 집회가 아무런 제재도 받지 않는 것은 아니다. 예컨대 누군가의 인격을 심하게 모욕하거나, 여럿이 모여 사람을 폭행하거나 죽이는 등 다른 사람의 인권을 직접 침해하는 경우에는 처벌을 받을 수 있다. 하지만 이런 경우에도 표현의 자유나 집회의 자유 자체가 금지되는 것은 아니다.

1980년대의 한국을 배경으로 한 영화 〈홀리데이〉(2006)를 보면 이런 말이 나온다. "잘못된 것을 잘못됐다고 말할, 그 정도 자유는 있어야지." 과거 한국에서는 민주화나 인권을 이야기하거나 정부를 비판하면 처벌을 받거나 불이익을 당했다. 잘못되었다고 생각하는 의견을 말할 자유조차 없었던 것이다. 1970년대 박정희 대통령이 '긴급조치'를 통해 정부와 정권에 비판적인 이야기들을 금지하고 대학생들의 집회, 시위 등을 금지했던 것은 표현의 자유를 침해한 대표적인 사례다.

한국이 점점 민주화되고 인권 상황이 개선되면서 표현의 자유도 과거에 비하면 많이 보장되고 있는 편이다. 사람들은 권력을 가진 정치인들이나 정책을 비판하기도 하고 다양한 의견을 얘기할 수 있다. 그러나 아직도 표현의 자유를 침해하고 있다고 국제사회로부터 인권침해라고 지적받고 있는 국가보안법 문제나, 집회 및 시위에 관한 법률, 인터넷에서의 표현의 자유 등 많은 과제들이 남아 있다.

2008년 한국 사회에서 가장 큰 사건 중 하나로 꼽히는 촛불집회 때 많은 사람들이 집회의 자유와 표현의 자유에 대해 관심을 갖게 되었다. 촛불집회에 참여한 많은 사람들은 자유롭게 집회를 할 수 있기를 바랐다. 하지만 야간 집회를 원칙적으로 금지하고 주요 도로에서의 집회를 불허

할 수 있는 등 집회의 자유를 과도하게 제한하고 있는 집회 및 시위에 관한 법률의 존재와 촛불집회 과정에서 경찰의 폭력적인 진압은 한국에서 집회의 자유가 제대로 보장되지 못하고 있음을 보여 주었다.

그 밖에도 2008년 촛불집회 당시 정부가 저지른 여러 표현의 자유 침해 사건들은 한국의 표현의 자유를 많이 위축시켰다. 프랭크 라 뤼 유엔 표현의 자유 특별보고관은 2010년에 한국을 방문해 조사한 뒤 "2008년 촛불집회 이후 한국에서는 표현의 자유가 상당히 위축된 것으로 보여 우려된다"라는 의견을 밝혔다.

2008년 촛불집회의 성과로 야간 집회를 금지하는 집회 및 시위에 관한 법률의 일부 조항이 헌법재판소에서 헌법불합치 판결을 받고 효력을 잃었다. 그러나 아직도 집회 및 시위에 관한 법률이 집회를 사실상 허가제처럼 운영하고 있다는 지적과 경찰이 평화적인 집회에도 과잉 진압을 하고 체포와 처벌을 남발한다는 비판이 꾸준히 제기되고 있다. 집회의 자유와 보장을 위해 개선해야 할 부분들이 많이 남아 있는 셈이다.

인터넷에서의 표현의 자유도 새로운 쟁점이 되고 있다. 예컨대, 정부에서는 인터넷에 글을 쓸 때 부분적으로 인터넷 실명제를 적용하고 있으나 '악플'을 막는 효과는 별로 없고 표현의 자유만 위축시키고 있다는 비판을 받고 있다. 한쪽에서 권리를 침해당했다고 주장하며 게시 중단을 포털사이트에 요청하기만 하면 인터넷 게시물을 보이지 않게 처리하는 '블라인드' 제도가 표현의 자유를 침해한다는 지적도 있다. 어떤 게시물이 문제가 있는지는 공정하게 따져서 가려야 하는데, 게시 중단을 요청하기만 하면 바로 보이지 않게 삭제하도록 되어 있기 때문이다. 이 제도를 악용해서 정부나 기업이 자유로운 비판이나 의견을 막는 경우들이 많아지고 있다.

인터넷에서의 표현의 자유에 관련된 사건으로 가장 대표적인 것이 이른바 '미네르바 사건'이다. 이 사건은 그동안 정부의 경제 정책에 대해 비판적인 글을 미디어 다음(DAUM) '아고라' 게시판에 올려 오던 인터넷 논객 미네르바를 2009년에 검찰이 '허위사실유포죄'로 법정에 세운 사건이다. 미네르바는 결국 법정에서 무죄판결을 받았으나, 이 사건은 검찰에 의해 직접적으로 인터넷상에서 표현의 자유가 침해당한 대표적인 사례로 꼽히고 있다. 정부에 비판적인 의견을 자유롭게 말하면 체포당하고 기소당할 수도 있다는 두려움을 사람들에게 심어 준 것이다.

미네르바 사건 외에도 방송통신심의위원회에서 이명박 대통령에 대한 욕이 담긴 게시물이나 기업이나 정치인의 문제를 고발하고 비판하는 게시물 등을 삭제하도록 한 사건, 이명박 대통령을 풍자한 동영상을 인터넷에 올린 민간인을 총리실에서 조사하고 압력을 가한 '민간인 사찰' 사건 등도 국가 권력이 직접 인터넷에서의 표현의 자유를 침해한 사례들이다. 인터넷이 더욱 자유로운 소통의 공간이 되게 하기 위해서는 인터넷에서의 표현의 자유를 보호하고 개선하기 위한 제도와 노력이 필요하다.

정보화의 편리성이 우리의 인권을 침해하고 있다면?

전화, 컴퓨터, 인터넷, 스마트폰 등이 등장하고 정보화가 진행되면서 우리가 얻을 수 있는 정보들은 점점 많아지고 있다. 사람들은 이제 전보다 훨씬 여러 가지 방법으로 소통할 수 있게 되었고, 더 많은 정보를 알리고 활용한다.

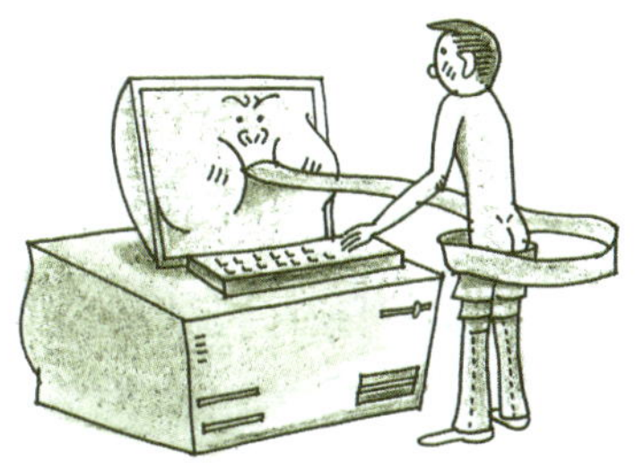

이런 사회 변화에 따라 주목을 받고 있는 인권 분야가 있다. 바로 '정보 인권'이다. 정보 인권은 쉽게 말해 정보에 관련된 인권을 말한다. 우리가 우리 자신에 관한 여러 가지 정보(이름, 국적, 나이, 사는 곳, 신체적 특징, 그 외에도 그 사람에 대해 설명할 수 있는 모든 것들)에 대해 결정권을 가질 권리가 정보 인권이다. 사람들이 누구나 인터넷 같은 혜택을 누릴 수 있어야 하고, 그 안에서 자유롭게 소통하고 표현할 자유도 정보 인권이다. 특허나 저작권처럼 지식을 독점하는 것을 정보 인권이라고 얘기하곤 한다. 국가나 기업, 학교 등이 우리를 감시하고 우리에 관해 정보를 수집하고 관리하거나 함부로 공개하는 것도 정보 인권의 문제가 된다.

만약 국가가 우리에 대한 정보를 강제로 수집하려 하거나, 우리가 모르는 사이에 자신에 관한 정보가 여기저기 상품으로 팔리고 있다면 어떨까? 국가가 인터넷상에서 우리가 의견을 표현한 것을 검열하거나, 어떤 사이트에 접근하는 것을 금지한다면 어떨까? 특허를 낸 기업이 약을 너무 비싼 값에 팔아서 돈이 없어 약을 못 먹고 죽게 된다면 어떨까? 굉장히 기분 나쁜 일로 여겨지지만 실제로 우리 주변에서 일어나고 있는 일들이다.

만 17세가 되면 우리가 의무적으로 만들어야 하는 주민등록증은 발급 과정에서 열 손가락의 지문을 날인하도록 해서 그 자료를 보관한다. 이러한 전국민 지문 날인 제도가 우리의 신체 정보를 수집하는 정보 인권 침해라는 비판의 목소리가 높다. 때문에 1999년, 인권 단체들은 지문 날인을 거부하는 선언을 발표했고 지문 날인을 거부한 사람들의 모임 '지문날인거부 2389＋'이 만들어졌다. 이들은 지문 날인 제도가 헌법을 위반한다는 내용으로 헌법소원을 신청했다. 비록 그 당시 헌법소원에서는 지문 날인 제도가 합헌이라는 판결이 나왔지만, 지문 날인을 거부하는 사람들은 계속 생겨나고 있다. 지문 날인을 거부한 사람들은 주민등록증을 만들지 않고 여권이나 운전면허증 같은 대체 신분증을 사용하고 있지만, 많은 어려움을 감수해야만 한다.

주민등록번호 하나로 모든 국민들을 관리하고 주민등록번호로 대부분의 정보를 알 수 있게 되어 있는 것 자체도 정보 인권 침해가 될 수 있다. 주민등록번호 안에는 성별, 생년월일, 태어난 곳 등 개인 정보들이 그대로 담겨 있다. 심지어 주민등록번호는 유출되더라도 바꿀 수가 없

형정편의서비스의 하나로 학생들이 학교에서 주민등록증을 발급받고 있다.

다. 심심치 않게 천만 명 이상의 주민등록번호 정보가 유출되는 등 사고가 일어나고 있지만, 주민등록 제도는 잘 개선되지 않고 있다.

요즘은 어디에나 설치되어 있는 폐쇄회로텔레비전(CCTV)도 정보 인권 문제의 대표적인 예이다. 폐쇄회로텔레비전은 범죄를 예방한다는 명목으로 설치되지만 범죄 예방 효과는 크지 않고 길을 오가는 많은 사람들의 삶을 감시한다는 비판을 받고 있다. 또한 폐쇄회로텔레비전은 편의점 등에서 일하는 노동자들을 감시하는 데 이용되기도 한다. 요즘은 폭력을 예방한다면서 학교에도 폐쇄회로텔레비전을 많이 설치하고 있는데, 이 또한 학생들을 감시하는 결과를 낳을 수 있다.

인터넷상에서의 정보 인권 침해는 흔한 일이다. 인터넷 실명제나 블라인드 제도 등 인터넷상에서의 표현의 자유 문제가 대표적이다. 또한 우리가 인터넷 사이트에 회원 가입을 할 때 적는 정보들이 무단으로 유출되어 사용되는 경우도 있다. 우리는 보통 "정보수집약관에 동의하십니까?"라는 질문을 제대로 읽지 않거나, 동의하지 않으면 가입할 수 없기 때문에 '동의'를 선택하곤 한다. 그러나 이렇게 모은 정보들이 유출되거나 아니면 다른 광고 등에 이용되는 일도 많다.

기술이 발달하고 정보화가 이루어지면서 다양한 정보 인권 문제들이 새롭게 생겨나고 있다. 컴퓨터와 인터넷의 발달로 인한 정보 수집과 관리, 유출 문제가 가장 대표적이다. 컴퓨터나 인터넷 외에도 생체 정보에 관한 기술이나 여러 감시 장비 등 새로운 기술들이 등장해서 사람들의 정보를 모으고 이용할 수 있는 길이 많아지면서 정보 인권은 점점 더 중요한 인권 문제로 생각되고 있다.

한국에서 노동자들의 권리는 어떻게 개선되었을까?

1960~1970년대, 한국에서는 농촌에서 서울로 많은 사람들이 이사를 했다. 그렇게 농사를 짓던 많은 사람들이 노동자가 되었지만 그 시절의 노동환경은 말할 수 없을 정도로 좋지 않았다.

많은 청소년들 또한 그 당시에 천을 자르고 옷을 만드는 일을 하면서 건강을 해치고 목숨까지 잃었다. 재단사와 그들을 보조하는 '시다'들은 쪽방 하나를 나눠 2층으로 만든 작업실에서 허리도 못 펴고 10시간 넘게 미싱기를 돌리며 일했다. 하루 종일 일해도 받는 돈은 커피 한 잔 값이었고, 먼지가 많은 곳에서 일하느라 병에 걸리는 경우도 많았다. 작업 중에 노동자들이 피를 토하고 쓰러져도 보상은커녕 해고당하지 않으면 다행일 정도였다. 그런 환경에서 수많은 노동자들이 죽어 갔다.

그런 현실을 바꾸기 위해서는 노동자들이 목숨을 걸고 운동을 해야 했다. 노동자들의 운동은 일제시대부터 있어 왔지만, 현재와 같은 노동운동의 시초로 많은 사람들이 전태일을 꼽고 있다. 전태일은 가난한 어린 시절을 보낸 후 1965년에 평화시장에서 시다로 일하기 시작했다. 십

대 청소년인 전태일은 어서 돈을 벌어서 어머니와 동생들과 함께 살 생각밖에 하지 않았다. 그러나 일을 하던 중 한 여성 재단사가 피를 토하며 쓰러진 뒤 해고당하는 것을 보며 전태일은 이런 현실을 바꿔야겠다고 생각하기 시작했다.

전태일은 노동자들의 권리를 위해 활동하는 모임을 만들고 진정서를 제출하는 등 노력을 계속했다. 하지만 그 후에도 상황은 바뀌지 않았고 국가와 기업들은 노동자들을 탄압하기만 했다. 전태일은 결국 1970년 11월 13일, 500여 명의 사람들 앞에서 "근로기준법을 지켜라! 우리는 기계가 아니다!"라고 외치며 직접 자신의 몸을 불태웠다. 이를 계기로 노동자들이 자신들의 인권을 요구하는 운동이 활발해졌고, 그 노동운동은 1987년 '노동자 대투쟁'으로까지 이어졌다.

1987년 노동자 대투쟁은 박종철 고문치사 사건을 계기로 일어났던 6

1987년 노동자 대투쟁은 한국전쟁 이후 가장 큰 규모의 노동운동이었다.

월 민주화 항쟁에 이어 7, 8, 9월에 걸쳐 일어난 노동운동을 말한다. 8월 들어 하루에 4백 건이 넘는 노동자들의 시위가 일어났고 8월 29일에는 743건이 일어났다. 이 기간에 노동자들의 시위가 총 3,337건 일어났고, 노동조합의 수는 약 3배, 조합원 수도 2배 가까이 증가했다. 그러던 중 정부는 8월 말 대우조선 이석규 씨의 장례식에 경찰들을 투입해서 강제 해산시켰다. 이때부터 시작된 정부의 강경 탄압으로 노동자대투쟁은 수그러들었지만, 이때의 노동자 대투쟁은 한국전쟁 이후 가장 큰 규모의 노동운동이었고 노동자들의 인권을 개선하는 데 큰 역할을 했다.

1990년대 후반 이후 많은 노동자들이 비정규직이 되었는데, 이것은 노동자들의 인권을 후퇴시키는 중대한 문제가 되고 있다. 비정규직 노동자들은 정규직노동자들에 비해 더 낮은 임금, 더 안 좋은 조건에서 일하는 경우가 많고, 고용한 사람들은 비정규직 노동자들을 더 쉽게 해고할 수 있다. 언제 해고될지 모르기 때문에 고용주의 눈치를 보게 되고, 노동조합 설립이나 노동운동 같은 것은 꿈도 못 꾸는 경우가 많다. 더 안 좋은 조건에서 일하며 인권침해를 당하는 비정규직 노동자들은, 그렇기에 오히려 자신의 인권을 주장하기가 더 힘들다.

그런 상황에서도 자신들의 인권을 위해 행동하는 비정규직 노동자들은 계속 있었다. 상징적인 사례가 '이랜드 투쟁'이다. 2007년 6월 10일 이랜드 그룹이 구조조정에 따라 비정규직 노동자들을 해고하고 외주화하자 뉴코아, 홈에버에서 일하던 이랜드 직원들이 집단 파업에 들어갔다. 비정규직 노동자들과 정규직 노동자들이 같이 시작한 파업은 홈에

버 계산대 점거 농성과 고공 농성, 단식 농성, 불매운동 등을 하며 4백일을 넘겼다.

여성 비정규직 노동자인 그들에게 파업은 마지막이자 가장 비참하고 힘든 저항이었다. 단지 자신이 일하던 곳에서 계속 일하고 싶다고 말하는 그들을 기업은 철저하게 무시했다. 그들은 먹고살 수 있는 최소한의 생존권을 지키기 위해, 그들의 일자리를 그들의 손으로 지키기 위해 싸웠다. 결국 이랜드 비정규직 노동자들은 긴 싸움 끝에 일터로 돌아갈 수 있었지만, 18명은 일터로 돌아가지 못했다.

노동운동하면 가장 먼저 떠오르는 것이 파업이다. 파업 때문에 지하철을 탈 수 없다거나 차가 막혀 우리에게 피해를 끼친다고 생각하기 쉽다. 하지만 노동자들에게도 파업은 쉬운 결정이 아니다. 사람답게 일하고 싶기 때문에 일을 중단하는 것은 노동자들에게도 많은 위험을 각오한 최후의 수단인 경우가 많다. 그래도 이런 노동자들의 인권 운동이 있었기에 그나마 지금 일하는 사람들이 조금 더 사람다운 대접을 받고 인권을 보장받으며 일할 수 있는 것이다. 지금도 산업재해로 많은 노동자들이 죽는 문제, 노동자들의 건강, 저임금 문제 등은 비정규직 노동자들의 인권 문제를 비롯하여 해결해야 할 인권 문제로 남아 있다.

내 생각에 따라 군대를 안 갈 순 없을까?

한국에서 태어난 남성들 다수가 가야 하는 곳이 있다. 바로 군대이다. 많은 사람들이 군대는 '싫어도 당연히 가야 하는 곳'이라고 생각한다. 그러나 그 생각을 깨뜨린 사람들, '양심에 따른 병역거부자' 혹은 '양심적 병역거부자'들이 있다.

양심에 따른 병역거부를 하는 사람들은 군대에 반대하거나 평화를 원하는 자신의 가치관 또는 종교의 가르침에 따라 '병역의 의무'를 거부한 사람들이다.

양심적 병역거부에 대해 거부감을 갖는 사람들도 적지 않다. 그런 사람들은 예컨대 "군대를 가지 않으면 남자가 아니다" 같은, 이 사회가 군대에 대해 심어놓은 생각들을 가진 경우가 많다. 군대가 꼭 있어야만 하는가 그리고 군대가 우리의 인권에 도움이 되는가 하는 문제는 우리가 같이 이야기해 봐야 하겠지만, 어쨌든 군대가 자신의 양심과 신념에 맞지 않다면 군대에 가지 않을 권리도 있어야 한다. 인권을 보장하기 위해서나 불가피한 경우가 아니라면, 국가는 우리의 양심에 반하는 행동을 강요해서는 안 된다.

한국은 오래전부터 양심에 따른 병역거부를 인정하지 않고 있기 때문에 병역을 거부한 사람들은 감옥에 가야 한다. 특히 군사독재 시절을 거치면서 병역거부자에 대한 처벌이 강화되었고, 고문을 당하기도 했었다. 유럽이나 미국에 비하면 한국의 병역거부 역사는 짧은 편이다. 그러나 1950년대 한국전쟁 당시에도 적은 수이긴 하지만 '여호와의 증인'이라는 종교의 신자로서 병역거부를 한 사람들이 있었다. 여호와의 증인들은 일제시대부터 군대와 전쟁에 참여하는 것을 거부해 왔다. 그 이후로도 '여호와의 증인'으로서 종교 때문에 병역을 거부한 사람들의 수는 꾸준히 늘었다.

2001년 12월 17일, 오태양이 '여호와의 증인' 신도가 아닌 불교 신자로서 최초로 양심적 병역거부를 선언한 사건을 계기로 병역거부는 '여호와의 증인' 신도들만의 문제가 아니라 평화 운동, 인권 운동의 문제로 보기 시작했다. 그러나 2004년 헌법재판소는 양심적 병역거부를 인정하지 않은 병역법이 헌법에 어긋나지 않는다는 판결을 내렸다. 2004년 8월 30일, 오태양은 "징집 통지서를 받고도 입영하지 않은 혐의"로 징역 1년 6개월을 선고받았다.

오태양이 병역거부 선언을 한 이후 2002년 7월 9일, 최초로 유호근이 종교적 이유가 아닌 신념에 따른 병역거부를 선언했다. 유호근은 한때 국군 장교가 꿈이기도 했지만 전쟁의 참상과 전쟁이 사람을 어떻게 비참하게 만드는지에 대해 고민하면서 병역거부를 선택했고, 결국 2005년 2월에 감옥에 갇혔다.

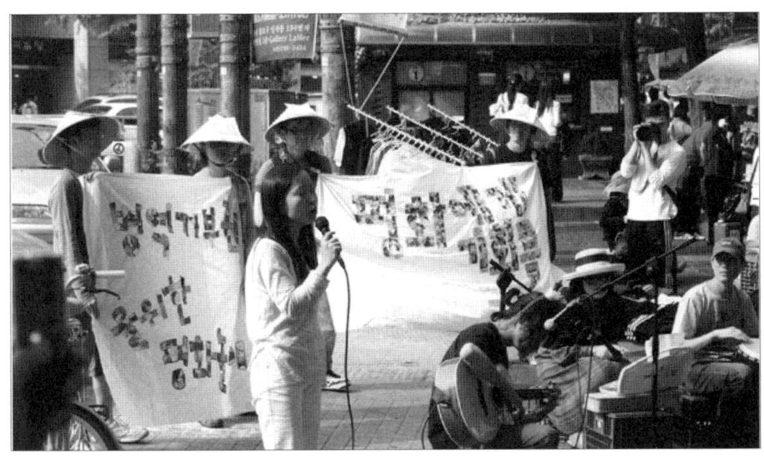

2008년 병역거부권을 위한 평화놀이의 한 장면.

한국의 전쟁 참여에 반대해서 군 복무 중에 병역을 거부한 일도 있었다. 2002년 말 미국이 이라크 전쟁을 일으켰고, 이라크 전쟁에 반대하고 한국군 파병을 반대하는 촛불집회가 연일 열렸지만 한국 정부는 이라크에 군대를 보내기로 결정했다. 당시 휴가를 나왔던 강철민 이병은 2003년 11월 21일, "파병을 반대하기 위해 군인이 할 수 있는 최대한의 저항은 병역거부"라는 내용의 '노무현 대통령께 드리는 이등병의 편지'를 발표하며 병역을 거부했다. 그러자 고등군사법원은 "본인의 양심에 따라 병역을 거부하는 강 이병의 뜻은 이해하지만, 실정법에 의해 판결할 수밖에 없다"며 징역 1년 6개월을 선고했다.

군인뿐 아니라 의무경찰관이 병역거부를 하는 경우도 있었다. 의무경찰관 이길준은 2008년 촛불집회가 한창일 무렵에 촛불집회 진압을 거부하고 병역거부를 선언했다. 그 후 그는 구속되어 징역을 선고받았으며 2009년 11월 30일에 석방되었다. 이길준의 병역거부 선언을 계기로 본인의 의사와 상관없이 집회나 시위를 진압하는 전투경찰이나 의무경찰에 배치되는 제도에 대해 논란이 일기도 했다.

한국의 양심적 병역거부가 인권 문제로 떠오르고 병역거부자들이 목소리를 내자, 2006년 유엔 자유권위원회에서도 양심적 병역거부를 인정하라고 한국 정부에 권고했다. 하지만 한국 정부는 그러한 권고를 무시했다. 결국 2007년 5월에 병역거부자들이 유엔에 '개인 청원'을 냈고, 유엔 자유권위원회는 2010년 한국 정부에 병역거부자에게 구제 조치를 취할 것을 다시 한 번 권고했다. 한국의 국가인권위원회에서도 2005년 국방부에 양심적 병역거부가 헌법에 나오는 양심의 자유에 따라 보호되어야 하므로 양심적 병역거부를 인정하고 대신에 사회복지에 관련된 일을 하도록 하는 대체복무제도를 도입하라고 국방부에 권고했다. 이에 따라 2007년 9월, 국방부는 종교나 사상의 이유 등으로 병역을 거부하는 사람들을 대상으로 대체복무제를 도입하겠다는 계획을 발표했다. 하지만 대체복무제를 추진하려던 계획은 2008년에 이명박 정부가 들어서면서 취소되고 말았다.

# 2009년, 용산에서는 왜 사람들이 죽어야 했을까?

재개발은 낡고 허름한 동네를 다시 고쳐 짓는다는 뜻이다. 언뜻 듣기에는 낡은 것을 새것으로 바꿔 준다고 하니 참 좋은 것 같다. 하지만 '재개발'은 원래 그 지역에 살고 있던 사람들에게 잔인한 폭력과 인권침해가 되기도 한다.

한국에서 재개발은 사는 환경을 더 좋게 만드는 것이기도 하지만, 집값을 올리기 위한 목적이 크다. 그래서 내가 지금 살고 있는 집이 재개발되어서 더 좋은 집으로 바뀌어도 내가 돈이 많지 않다면 그 집은 내 집이 아니다. 더 좋은 집은 당연하게도 더 잘사는 사람들을 위한 집이고, 집이 좋아진다고 내가 가진 돈이 많아질 리는 없다. 때문에 재개발된 내 집은 좀 더 돈이 많은 사람에게 넘어가기 마련이다. 그나마 집과 땅을 가지고 있는 사람이라면 보상을 받고 돈을 벌 수 있겠지만, 세들어 사는 세입자이거나 정식으로 집을 소유하지 않고 달동네나 판자촌에서 살던 사람들은 아주 적은 이주비만 받을 수 있다.

그럼 그 집에 살고 있던 사람들은 어떻게 될까? 어느 정도 돈이 있는 사람이면 다른 집을 구해서 이사를 갈 수도 있을 것이다. 하지만 더 이상 다른 집을 구할 능력이 없는 사람이라면 한순간에 집을 잃고 만다. 재개발은 특히 집을 갖고 있지 않다는 이유로 보상은 거의 못 받고 살던 집에서 쫓겨나는 사람들에게 잔인하다. 그런 상황에 몰렸을 때 사람들은 절망하거나 거세게 반발하고 저항한다. 그렇게 해서 재개발 구역에서는 '철거민'들의 인권을 지키기 위한 싸움이 시작되곤 한다.

그 당연한 저항이 죽음으로 이어질 거라고는 전혀 생각하지 못한 사람들이 있었다. 2009년 1월 20일, 서울 한복판에서 다섯 명이 불에 타 죽었다. 그 주변에는 많은 사람들이 있었고, 그중 절반은 경찰이었다. 용산 지역이 재개발되기 시작하면서 그곳에서 장사하며 살아가던 사람들은 삶의 터전을 잃을 위기에 처했다. 당장 집에서 나가라는 통보가 날아왔고, 재개발을 하는 건설업체에서 고용한 직원들은 나가지 않는 사람들을 협박하고 행패를 부리기 시작했다. 철거민이 되어 버린 용산 주민들과 전국철거민연합(전철연)은 살던 곳을 지키기 위한 싸움을 시작했다.

그들은 용산의 남일당 건물에서 자신들의 권리를 위해 싸웠다. 결국 남일당 위에 망루를 짓고 농성을 하기에 이르렀다. 그러나 농성을 시작한 지 하루 만에 경찰은 특공대를 투입했고, 그렇게 싸우는 과정에서 인화 물질이 많이 있던 건물에 불이 나고 말았다. 그 불로 인해 용산 주민과 전철연 회원 5명, 그리고 경찰 1명이 목숨을 잃고 말았다.

사람이 살아갈 권리란 단순히 숨을 쉬며 생존할 권리만을 뜻하는 것은 아니다. 깨끗한 물을 마실 권리와 마찬가지로 안전한 집에서 살아갈 권리도 있다. 그러나 지금의 재개발이나 주거 정책들은 그러한 주거권을 무시하고 있다. 용산 참사 이전에도 강제 철거로 인한 인권침해는 끊이지 않고 있었다. 돈을 벌기 위해서라면 그곳에 살고 있는 사람들이 어떻게 되든 신경 쓰지 않는, 무차별적이고 무자비한 재개발은 보이지 않는 곳에서 여러 번의 용산 참사를 일으키고도 여전히 계속되고 있다.

왜 여성들에게 밤길을 조심해야 한다고 말할까?

자신의 이름이 마음에 안 들어 불평하는 사람들이 있다. 하지만 그런 사람들도 아버지의 성만 따르는 것에 대해서는 불평하지 않는다.

그렇다면 어머니의 성은 어디로 간 걸까? 또 그 어머니의 어머니의 성은 어디로 간 걸까? 2008년, 호주제라는 제도가 폐지되었다. 호주제란 '호주'를 중심으로 가족 구성원들의 출생, 혼인, 사망 등을 기록하는 제도이다. 여기서 말하는 호주란 가(家)의 장, 즉 아버지를 말한다. 호주제란 아버지, 남편을 중심으로 만들어진 호적 아래 부인과 자식들이 그 밑으로 들어가게 만드는 제도였고, 자식들은 당연히 아버지의 성을 따르게 만드는 제도였다. 여성 단체들은 호주제가 성차별이라고 끊임없이 지적해 왔다. 결국 2005년에 국회에서 호주제 폐지를 담은 민법 개정안이 만들어졌고, 2008년에 헌법재판소가 헌법 불합치 판결을 내리면서 호주제는 폐지되었다.

2008년 전까지 자식들은 어머니의 성을 가질 수 없었다. 호주제에서 말하는 가장, 생물학적 아버지의 성만 따라야 했고 여성인 어머니는 남성보다 못한 사람으로 있을 수밖에 없었다. 어머니의 성을 이어 쓰거나 부모 성을 모두 쓰는 사람들도 드물게 있지만, 지금도 아버지의 성을 따라 쓰는 것이 일반적이다.

여성을 차별하는 문화와 제도들은 여전히 많다. 예컨대, 사회가 어머니들에게 '워킹맘'이 되기를 강요하며 일하는 능력을 요구하게 되었음에도 가정 안에서 여성의 위치는 호주제가 폐지되기 전과 크게 달라지지 않았다. 밖에서 일을 하고 돌아와서도 '설거지는 엄마의 일'이기 때문에 고무장갑을 껴야 하고 자식 양육도 챙겨야 하는 등 '어머니'가 당연히 해야 하는 일들은 전보다 오히려 더 늘어난 것 같다. 가부장제 사회에서 여성들은 가정 안팎에서 일하도록 요구받는 것이다.

이제 성차별도 별로 없고 양성평등이 이루어진 사회가 되지 않았냐고 말하는 사람들이 있다. 분명 호주제가 폐지되고 여성에 대한 노골적인 차별들이 많이 줄어들긴 했다. 그러나 지금도 여성 인권 보장과 양성평등이 제대로 실현되고 있다고 보기는 힘들다. 한국에서 여성 국회의원이나 고위직 공무원의 수는 매우 적고, 여성들은 높은 지위에 오르기가 매우 어렵다. 일상생활 속에서 '여성다움'과 '남성다움'을 요구당하고 제한받는 경우도 많다. 우리 사회는 아직도 가부장제 사회라고 할 수 있다.

> 가부장제는 원래 가족에서 '가장'인 남편/아버지가 힘과 권위를 가지고 가족을 지배하는 것을 뜻한다. 이렇게 아버지, 남자들이 힘을 가지는 형태로 만들어진 사회제도나 생각들을 가리키는 말로 사용한다.

이러한 가부장제 사회에서 여성들은 쉽사리 폭력의 대상이 된다. 그럼에도 그 책임은 여성들에게 돌려지곤 한다. 예컨대, 남편에게 맞은 여성에게 "내조를 잘 못해서 그렇지"라고 한다거나, 성폭력을 당한 여성에게 "그러길래 밤늦게 돌아다니래?", "옷을 그렇게 야하게 입으니까……" 따위의 말을 하는 것이다. 왜 약자이고 피해자인 여성들이 자기가 당한 폭력에 대한 책임까지 떠맡아야 하는 걸까?

이런 현실을 바꾸기 위한 여성 단체들의 활동으로 1998년부터 '가정폭력 범죄의 처벌 등에 관한 특례법'과 '가정폭력 방지 및 피해자 보호 등에 관한 법률'이 시행되었고, 3년여에 걸친 노력으로 1994년부터 '성폭력 범죄의 처벌 및 피해자 보호 등에 관한 법률'이 시행되었다. 성폭력 범죄를 '정조', '순결'이 아니라 인권의 관점에서 접근하고 지금처럼 처벌하게 된 배경에도 성폭력 사건을 용감하게 알린 여성들의 활동이 있었다.

그럼에도 여성들은 어두운 밤길을 걸을 때 뒤에서 발소리가 들리면 바짝 긴장해야 하고 젊은 여성들은 외박이라도 하면 온갖 잔소리를 듣는다. 여성들은 항상 '조심'하고 '정숙'하길 요구받는다. 여성 단체들은 이에 맞서서 2004년부터 밤늦게 다니는 여성들이 성폭력 피해를 입는다는 식으로 보도하는 언론들을 비판하며 해마다 '달빛시위'를 열고 있다. 달빛시위는 "여성들에게도 밤을 허락하라!"라고 외치는 거리 행동이다. 이들은 여성들의 삶을 제한하는 게 아니라 여성이 밤길을 조심하지 않아도 되는 사회, 성평등이 이루어진 사회를 만들어야 한다고 주장한다.

봉사 활동과 장애인 인권 운동의 차이는?

봉사 활동 시간을 채우기 위해서든 봉사 정신을 가지고 한 일이든, 많은 청소년들이 장애인 시설에서 봉사 활동을 해본 경험을 가지고 있다.

그들은 장애인 시설에 가서 봉사 활동을 하면서 그것이 장애인들을 위한 일이라고 생각했을 것이다. 그러나 2009년에 많은 장애인들이 여러 지역에서 장애인들을 시설 안에 가둬 두고 사회로부터 격리시키는 것을 비판하면서 '탈시설'을 요구하고 나선 사건을 청소년들은 알고 있을까? 탈시설을 요구하는 장애인들은 탈시설-자립 생활 선언을 발표하며 '불쌍한 장애인'이 아니라 '당당한 시민'으로 사회 속에서 함께 살고 싶다고 주장했다. 시설 안에 수용돼서 살아갈 때 장애인들은 온전한 인간으로 평등하게 살 수 없다는 것이다. 장애인의 인권 보장은 장애인에 대한 동정이나 시혜를 극복해야 비로소 시작될 수 있다는 것이다.

세계보건기구의 기준 또는 한국의 기준에 따르면 전체 인구의 10명

중에 1명, 또는 30명 중에 1명은 장애인이다. 하지만 비장애인(장애인이 아닌 사람들)들이 아무렇지 않게 생활하는 학교, 길거리, 버스, 전철 등에서 장애인들의 모습은 쉽게 볼 수 없다. 도로나 여러 시설들이 장애인들을 생각지 않고 비장애인 중심으로 만들어져 있기 때문에 장애인들은 어려움을 겪는다. 장애인 인권 운동을 하는 사람들은 장애인들이 신체적 문제가 있기 때문에 차별을 당하는 것이 아니라, 이 사회가 장애인들을 왕따시키고 있기 때문에 장애인들이 차별받고 어려움을 겪는 것이라고 지적한다.

2001년, 지하철 오이도역에서 장애인이 이용하는 리프트가 추락해 장애인 1명이 죽고 1명이 중상을 입는 사건이 일어났다. 장애인 단체들은 '장애인 이동권'을 보장하라는 운동을 시작했다. 장애인들은 "장애인과 함께 지하철을 탑시다", "장애인과 함께 버스를 탑시다"라고 말하면서 지하철과 버스에 직접 탑승해 온몸으로 문제 제기를 했다. 그리고 서명운동, 집회, 점거를 하고 법률 제정을 요구하는 등, 장애인 이동권을 인권의 문제로 공론화했다.

장애인 이동권 운동의 결과, 전철역에 엘리베이터가 설치되고 저상버스가 점차 도입되는 등 장애인 이동권은 조금씩 개선되었다. 장애인 이동권 운동은 이 사회에서 장애인들에게는 가고 싶은 곳에 가는 것이 인권 문제라는 것, 그리고 이 사회가 장애인들을 왕따시키고 차별하고 가둬 두는 사회라는 것을 보여 주었다.

한국 사회에서 장애인들은 교육권과 주거권, 노동권, 정보접근권 등 많은 인권침해와 차별을 경험한다. 많은 장애인들이 학교에 입학해서

평등하게 교육받을 권리를 보장받지 못한다. 입학을 거부당하거나 어렵게 입학하더라도 괴롭힘과 차별을 당하기 일쑤다. 장애인이라는 이유로 일자리를 구하기가 하늘의 별따기만큼 어려운 경우도 있다. 또한 청각장애인들도 영화를 즐길 수 있게 한국 영화에도 한글 자막을 넣어 상영하는 영화관은 거의 없다. 선거를 할 때면 시각장애인들도 후보들에 대한 정보를 알 수 있도록 점자 공보물을 만들어 배포해야 할 텐데 제대로 지켜지지 않고 있다. 또한 지적 장애를 가진 여성 장애인들이 성폭력을 당하는 사건들이 많이 일어나는데, 성폭력 가해자들은 제대로 처벌도 받지 않는다.

장애인들은 이런 현실을 바꾸기 위해 장애인의 인권을 보장하라고 요구하며 가장 활발하게 목소리를 내고 있다. '동정'과 '시혜'의 관점에서 만들어진 장애인 정책들은 장애인들이 겪는 차별이 잘못된 사회에서 비롯된 문제라는 것을 외면하고 장애 차별과 인권침해의 원인은 그대로 둔 채 장애인들에게 약간의 도움을 주는 것에 불과했다. 장애인들은 이런 현실을 바꾸기 위해 '장애차별금지법' 제정을 요구했고, 5년에 걸친 운동 끝에 2008년, 장애차별금지법을 만들었다. 그리고 장애차별금지법이 정말로 장애인들이 받는 차별을 개선하는 법이 되도록 하기 위해 계속 행동하고 있다.

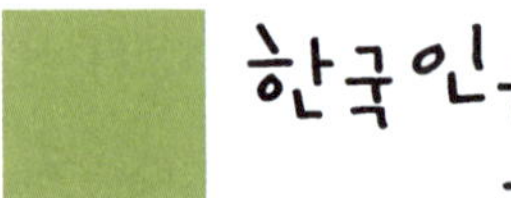

한국인은 정말 하나의 민족일까?

도덕 교과서에 빼놓지 않고 한 단원에 들어가는 내용 중 하나는 "우리나라는 하나의 민족"이라는 내용이다. 그러나 주위를 둘러보면 한국 국적을 가진 다른 나라 출신의 사람을 어렵지 않게 볼 수 있다.

애초에 '하나의 민족'이라는 말의 의미도 이상한 점이 있지만, 이제 한국은 하나의 민족으로 이루어진 나라라고 보기 더욱 어려워졌다. 현재 한국에 오는 외국인들은 대부분 결혼을 했거나, 또는 돈을 벌기 위해서 이주해 온다. 그들 중 많은 사람들이 한국보다 가난한 나라에서 온 사람들이다. 이런 사람들을 '이주민'이라고 부른다.

옛날에는 한국으로 삶터를 옮겨 온 사람들 중 한국보다 잘사는 나라에서 온 사람들이 많았다면, 요즈음에는 한국보다 못사는 나라의 사람들이 오는 경우가 대부분이다. 이들은 주로 한국에서 돈을 벌어 고국의 가족들에게 돈을 보내기 위해, 또는 한국의 농촌 남성들과 결혼하기 위해 필리핀, 베트남, 파키스탄 등 동남아시아 혹은 서남아시아 지역에서 온 사람들이다.

　그러나 이들 이주민들은 가난한 나라에서 왔다는 이유만으로, 잘사는 나라에서 온 사람들에 비해 굉장히 비인격적인 대우를 받는다. 이주 노동자들 중 많은 사람들이 일하는 일터를 마음대로 옮길 수도 없고, 차별을 받아도 제대로 보호받지 못하며, 노동조합 설립도 불가능한 불합리한 제도 때문에 '불법 체류자'가 되곤 한다. 많은 이주민들이 '불법 체류자'라는 낙인 때문에 일터에서든 거리에서든 경찰서에서든 함부로 반말을 듣고, 차별적인 시선을 받는다.

　이러한 '한국보다 못사는 나라'에서 온 이주민들에 대한 차별은 2007년 2월, 전남 여수의 외국인보호소에서 화재가 발생해서 많은 이주 노동자들이 희생을 당하는 사건으로 나타나기도 했다. 한국 정부는 여수 외국인보호소에 불법으로 한국에 머물고 있는 외국인들을 강제 수용해 놓았다. 그들은 보호소에 갇혀 인종차별적 언행과 폭행을 당하기도 했고, 병이 나도 치료를 받지도 못했으며 제대로 씻지도 못했다. 그들은 보호소에 불이 나자 잠겨서 열리지 않는 출구를 두드리며 죽어가야만 했다.

　물론 '여수 참사'처럼 크게 화제가 된 사건 말고도 이주민들에 대한 차별과 인권침해는 장소를 가리지 않고 일상적으로 일어나고 있다. '강제 단속'에 걸리면 '여수 참사'가 일어났던 곳과 같은 보호소에 수용된 뒤 강제 출국을 당한다. 한국에서 18년을 살아온 네팔 출신 노동자 미누를 '불법 체류자'라며 2010년 초에 쫓아낸 사건도 있었다. G20 같은 국제행사 때마다 정부는 이주민들을 단속하곤 하는데, 단속 과정에서 인권침해는 계속 지적받고 있지만 고쳐지지 않고 있다.

이에 맞서서 많은 이주민들이 "불법 사람은 없다!"라고 외치며 한국의 인종차별과 이주민에 대한 인권침해를 없애라고 요구하고 있다. 여러 이주민 단체, 인권 단체들은 이주 노동자에 대한 강제 단속이나 인권 탄압 등에 대항하는 활동을 하고 있다. 이주민들이 한국 사회에서 잘 정착해서 살 수 있도록 지원하는 단체들도 있다. 이들은 지금의 제도가 많은 이주민들을 '불법 체류자'로 만들고 있으며 이것은 인권을 침해하기 때문에 문제가 있다고 말한다.

이주민들은 이미 사회에서 상당한 비중을 차지하고 있지만, 여전히 교과서에는 "우리나라는 한민족"이라는 내용이 나오고, 이주민의 아이들조차 그것을 배운다. 인권 단체들의 활동과 국제사회의 권고로 이주 아동들도 학교에 다닐 수 있게 됐지만 아직도 많은 이주 아동들이 학교에 다니지 못하고 있고, 또 이주 아동들에게 맞춘 교육 과정도 없다. 그나마 '다문화 사회'라면서 정부가 내놓은 '다문화' 정책들은 이주민들에게 한국인이 되기를 강요하는 것들, 예컨대 김치 담그기, 민속놀이 체험, 한국 예절 배우기 등이 대부분이라는 비판을 받고 있다.

이주민들의 인권을 보장하는 것은 이주민들로 하여금 일 년에 한두 번 있는 명절 때마다 한국 문화를 체험해서 되는 것이 아니다. 이주민들이 한국이라는 낯선 사회에서 경제적 또는 문화적 차이로 인한 어려움, 인종이 다르다는 이유로 폭력을 당하지 않도록 하는 것이 인권을 보장하는 것이다.

동성애자는 차별해도 되는가?

대부분의 사람들에게 동성애자라는 말은 꽤나 익숙해도 성 소수자라는 말은 낯설 것이다. 성 소수자는 동성애자를 포함해서 성적 지향이나 성 정체성이 다수의 사람들과는 조금 다른 사람을 가리키는 말이다.

동성애자를 포함해서 양성애자나 트랜스젠더, 그리고 성적 지향이 아무에게도 향하지 않는 무성애자 등등 성 소수자들 안에서도 다양한 사람들이 있다. 지금은 많은 사람들이 성 소수자라고 말하면 동성애자를 먼저 떠올리곤 한다. 다양한 성 소수자들에 대해 그 존재 자체를 잘 모르거나 이해를 하지 못하는 경우가 많으며, 드라마나 영화 등을 통해 비교적 잘 알려진 동성애자들도 차별을 피하지는 못한다.

2007년 말, 정부는 신체 조건이나 사회적 신분 등을 이유로 차별하는 것을 금지하는, 이른바 '차별금지법'을 내놓았다. '신체 조건, 사회적 신분 등을 이유로 하는 모든 차별을 금지하고 불합리한 차별로 인한 피해자를 구제한다'는 내용을 담고 있어 모두가 환영할 만한 법안이었다.

> 성적 지향이란 우리가 어떤 성별의 사람에게 끌리는지를 뜻한다. 같은 성별의 사람에게 끌리는 것을 동성애, 다른 성별의 사람에게 끌리는 것을 이성애, 같은 성별이나 다른 성별 모두에 끌리는 것을 양성애라고 한다.

우리 사회 곳곳에 있는 차별을 없애 나가는 데 중요한 한 걸음이 될 수 있을 거라고 기대하는 사람들이 많았다.

하지만 보수적인 일부 기독교 단체들은 이 법안을 그다지 달가워하지 않았다. 차별금지법 안에 '성적 지향'에 따른 차별을 금지한다는 문구가 있었기 때문이다. 몇몇 기독교 단체들은 공고가 나오자마자 법무부에 팩스를 보내고 서명운동과 시위를 하는 등 '성적 지향' 항목에 대해 거칠게 항의했고, 차별금지법을 '동성애 차별금지법'이라고 부르며 이를 막기 위해 온갖 힘을 썼다. 결국 법무부가 입법 예고한 법안에는 성적 지향을 포함해서 처음 발표할 때 들어 있었던 7가지 항목들이 빠져 있었다. 성 소수자 단체들은 마치 동성애는 차별해도 되는 대상이라고 법을 통해 말한 것과 같다고 법무부를 비판했다.

그리고 동성애자들에 대한 차별은 계속됐다. 성적 지향에 대한 차별을 금지한다는 내용이 삭제된 차별금지법조차도 국회 사정 때문에 통과되지 못했고, 마치 아무 일도 없었던 것처럼 성 소수자들에 대한 차별은 계속되었다. 대중매체에서 성 소수자들이 소재로 더 자주 다루어지게 된 것 정도뿐이었다.

성 소수자들은 남성은 여성을, 여성은 남성을 사랑하는 것이 너무나 당연한 세상에서 차별과 인권침해를 당하고 있다. 자신들이 무언가 잘못된 존재라는 혼란과 죄책감이 성 소수자들을 힘들게 만든다. 누군가는 학교에서 왕따를 당하고, 부모에게 뺨을 얻어맞기도 한다. 성 소수자들의 자살률도 높은 편이다.

동성애자를 포함한 모든 성 소수자들의 인권을 위해 활동하는 동성애자인권연대(동인련)에서는 해마다 4월에 고(故) 오세인, 고 육우당을 추모하기 위한 문화제를 연다. 오세인과 육우당은 모두 동인련에서 성 소수자의 인권을 위해 활동하던 청소년들이었는데, 사회의 차별에 절망한 나머지 자살하고 말았다. 그들은 청소년 성 소수자이기에 가정과 학교와 사회에서 청소년이 아닌 성 소수자는 겪지 않아도 되는 아픔들을 겪었던 것이다.

이런 상황에서도 성 소수자들의 발랄하고 적극적인 활동은 계속되고 있다. 한국에서는 2000년부터 시작된 퀴어 문화축제, 퀴어 퍼레이드는 해마다 6월에 열리는 성 소수자들의 축제로 영화제, 퍼레이드, 공연 등 성 소수자들이 즐길 수 있는 행사인 동시에 성 소수자들의 인권을 널리 알리고 있다. 많은 탄압과 멸시 때문에 성 소수자들은 이때

퀴어는 영어 단어 Queer에서 나온 말이다. 이 말은 원래 '괴상한, 기묘한'이라는 뜻이었다. 1980년대 미국의 동성애 운동에서 이를 자신들을 나타내는 긍정적인 말로 적극 사용하면서 성 소수자들과 성 소수자들의 문화를 가리키는 말로 쓰이고 있다.

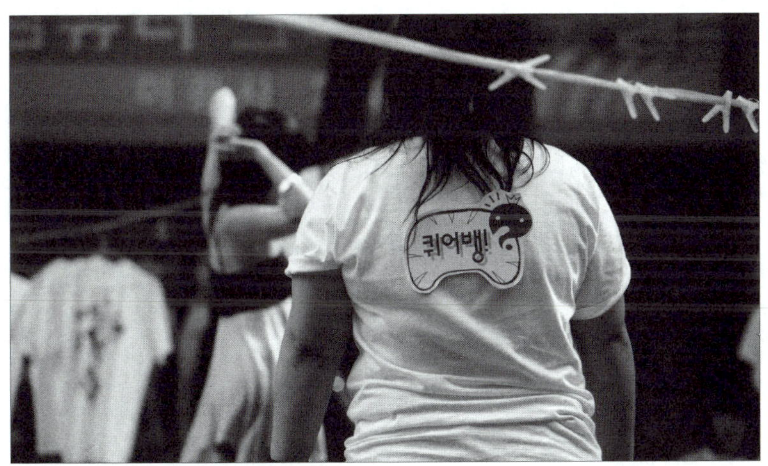

2008년 청소년퀴어문화축제인 '신공축제'의 한 장면.

도 얼굴을 드러내지 않기 위해 가면을 쓰기도 하지만, 그럼에도 꿋꿋이 10년 이상 축제를 이어 오고 있다.

여성으로 성전환을 하고 싶어 하는 남성 청소년이 나오는 영화 〈천하장사 마돈나〉에서 주인공 동구는 "난 뭐가 되고 싶은 게 아냐. 그냥 살고 싶은 거야"라고 말한다. 이성애자이든 동성애자이든 트랜스젠더이든 간성이든, 자신들의 모습대로 살고 싶은 것뿐이다. 성 소수자는 이름 그대로 이 사회에서 소수이다. 동성애가 더럽고 비정상이라는 인식은 아직도 없어지지 않았고, 청소년보호법에서 '동성애'가 청소년에게 유해하다고 규정한 조항은 2004년에 삭제될 때까지 남아 있었다. 한국 사회는 남성과 여성으로만 사람들을 나누고 여성도 남성도 아닌 사람들에 대해서는 그 존재조차 제대로 인정하지 않는다. 하지만 그 소수에 대한 차별과 비난, 폭력 때문에 스스로 목숨을 끊게 만드는 사회는 잘못됐다고 말할 수 있지 않을까.

국가인권위원회는 어떻게 만들어졌을까?

1999년 4월 7일, 18개 단체 소속 인권 활동가 30여 명이 서울 명동성당에서 단식 농성에 들어갔다. 그들은 국가인권위원회법을 '인권'의 이름으로 거부한다고 말했다.

인권 활동가들은 일주일 간 농성을 벌이며 국가인권위원회를 '제대로' 만들기 위한 싸움을 했다. 국가인권위원회라는 기구는 대체 어떤 곳일까?

1993년 유엔은 총회에서 '파리 원칙'을 채택하고 국가인권기구 설립을 권고했으며, 같은 해 열린 세계인권회의에서는 참가국들이 국가인권기구 설립을 결의했다. 그 뒤 한국에서 국가인권위원회가 만들어지기까지는 우여곡절이 많았다. 국가인권위원회를 법무부 산하로 두자는 주장이나 국가인권위원회의 역할을 축소하려는 주장에 맞서서 많은 인권 단체와 인권 활동가들이 제대로 된 국가인권위원회를 만들기 위해 단식 농성 등 3년에 걸친 운동을 벌인 끝에 2001년 11월, 드디어

> 파리 원칙이란 '국가인권기구의 지위에 관한 원칙'을 말한다. 1991년, 파리에서 열린 국가인권기구 국제 워크숍에서 처음 제정되었기 때문에 이렇게 부른다. 국가인권기구의 권한과 독립성의 자세한 기준과 가이드라인 등을 담고 있다.

국가인권위원회가 탄생했다.

국가인권위원회는 모든 인간이 가지는 기본적인 인권을 지키고 향상시키는 것을 목표로 하는 국가기구다. 국가인권위원회의 활동을 살펴보면 보고 배울 만한 모범 사례들이 많이 있다. 유엔에서 일찍부터 국가인권기구에 대한 지침을 만들어 왔고, 다른 나라에도 이미 모범이 되는 활동을 해온 국가인권기구들이 있었기 때문이다.

국가인권위원회의 가장 큰 역할은 권력을 남용해 인권을 침해하는 다른 국가기관들을 견제하고 감시하는 것이다. 힘센 권력 기관들은 사람들의 인권을 침해하기 쉽다. 이럴 경우 국가인권위원회에서 그런 것들을 지적하고 바꾸라고 요구해야 하는 것이다. 그러기 위해서 국가인권위원회는 다른 국가기관 어디에도 소속되지 않으며 '윗사람' 들의 눈치 따위는 보지 않는 독립성을 가진 기구여야 한다. 예산이나 사람을 뽑을 때도 독립성이 지켜져야 한다. 쓴소리를 한다고 돈을 줄이거나 직원에게 불이익을 주는 일이 일어나서는 안 되기 때문이다.

한국의 국가인권위원회는 그런 쓴소리를 '권고' 를 통해 할 수 있다. "그것은 인권침해니 이런 식으로 시정해라"라고 말하는 것으로, 이러한 권고는 지키지 않는다고 해서 처벌할 수 있는 강제력이 있는 것은 아니다. 강제성이 없으면 무슨 소용이 있냐고 생각하는 사람들도 있고, 반면에 '권고' 이기 때문에 더욱더 이것저것 따지거나 재지 않고 인권의 원칙을 가지고 해야 하는 말을 모두 할 수 있다고 평가하는 사람들도 있다. '권고' 는 무시할 수도 있기 때문에 국가인권위원회가 더욱 적극적으로 끈질기게 목소리를 내야 한다는 것이다.

국가인권위원회에서는 과거부터 굉장히 많은 권고를 해왔다. 두발 자유나 체벌 금지를 권고하기도 했고, 청소년 노동부터 양심적 병역거부까지 많은 분야의 인권에 관해 권고를 해왔다. 실제로 그 권고가 효과를 본 적도 적지 않다. 예컨대 버스에서 청소년 교통카드를 찍었을 때 나오던 "삐빅. 청소년입니다"라는 말이 인권을 침해한다는 권고에 따라 없어졌고, 흔히 써오던 '살색'이라는 단어가 피부색이 다른 사람들을 고려하지 않는다는 권고에 따라 '살구색'이라고 고쳐지기도 했다. 국가인권위원회가 있었기 때문에 그래도 한국의 인권에 대한 의식과 수준이 좀 더 많이 개선된 것도 사실이다.

그러나 국가인권위원회는 이런 불편한 역할을 맡고 있는 기구이기 때문에 항상 여러 가지를 조심해야 한다. 국가기관들을 감시하고 비판해야 하는 국가인권위원회가 힘센 국가기관들의 눈치를 보며, 때로는 인권침해를 정당화하기 위해 이용된다면 어떨까? 사회적 약자들이 억눌리고 차별받을 때 국가인권위원회가 생색만 내고 정작 중요한 순간에는 오히려 강자들의 편에 서 있다면?

실제로 이명박 정부 이후 국가인권위원회를 대통령 직속 기구로 하려고 하는가 하면, 정부에서 국가인권위원회를 축소하고 인권에 대해 잘 모르는 사람을 국가인권위원장으로 임명하는 등 국가인권위원회의 독립성이 침해당하고 있다. 정부의 표현의 자유 침해나 용산에서 철거민들이 목숨을 잃은 사건에 대한 의견 표명 등 정부가 싫어할 만한 사안에 대해서는 눈치를 보며 권고를 잘 하지 않는가 하면 인권을 연구하고 교

한국의 국가인권위원회는 국가인권위원회법에 따라 운영되고 있으며, 원칙적으로 독립성을 보장받고 있다. 하지만 재정이나 직원 수 등이 행정부에 의해 결정되기 때문에 독립성을 침해당할 소지가 있다.

육하는 활동 또한 활발하지 않다. 국가기관들이 국가인권위원회의 권고를 수용하는 일도 줄어들었다. 이에 따라 아시아인권위원회(AHRC)라는 국제인권단체에서도 한국의 국가인권위원회의 평가 등급을 낮출 것을 국제기구에 요청했다.

국가인권위원회는 독립성을 지키며 사회적 약자들의 편에 서서 그들의 인권을 위해 목소리를 내야 하는 인권 기구이다. 우리가 인권을 잘 보장받고 지키기 위해서는 국가 인권 기구가 제대로 작동하고 본래의 임무를 다하도록 관심을 가져야 한다.

8장

한국의 청소년 인권

학교에서는 정말로 민주주의가 이루어지고 있을까?

한국은 민주주의가 이루어진 민주공화국이라고 한다. 그리고 학교는 '사회의 축소판'이라고 불리며, 민주 시민을 양성하는 교육 기관이라고 한다. 즉 학교는 민주주의를 체험하는 공간이어야 하는 것이다.

민주주의는 표현의 자유, 언론의 자유, 집회·결사의 자유 등을 보장하고 참여할 권리를 바탕으로 이루어지는 제도이기 때문에 중요한 인권의 문제이기도 하다. 그런데 지금 학교는 정말로 민주주의를 제대로 이루고 있을까?

교과서에서는 민주주의를 하는 방법으로 대개 2가지를 든다. 바로 직접민주주의와 대의민주주의다. 직접민주주의는 그 사회에서 조건을 갖춘 (보통은 만 18세나 만 19세 이상의) 구성원들이 모두 직접 참여해 결정하는 것을 말한다. 반면 대의민주주의는 조건을 갖춘 사람들이 대표들을 뽑아서 그 대표들에게 결정을 맡기는 방식을 말한다.

학교에서는 학생회를 통한 대의민주주의가 이루어지고 있다. 그런데 문제는 학생회가 정말로 형식적이기만 하다는 것이다. 일반적인 중·

고등학교에서 학생회 회의나 대의원회를 하는 모습을 상상해 보자. 일정에 따라 회의가 열리거나, '학생회 지도교사'가 갑자기 방송을 해서 회의를 연다. 시험 기간에는 회의를 거르기도 한다. 안건은 대개 지도교사가 사전에 검토하고, 마음에 안 드는 안건은 막을 수도 있다. 회의에서 정하는 것들은 대개 환경 미화나 지각생 줄이기 같은, 학생들의 권익 향상과는 별 상관이 없는 것들이다. 심지어 학생회가 교사의 명령에 따라 선도부 역할을 하는 학교도 있다. 회의 시간을 지도교사의 훈계로 다 보내기도 한다. 그나마 학생회에서 자율적으로 논의하는 안건은 '축제'나 '간부수련회'다. 학생회가 아닌 학생들은 학생회가 대체 뭐하러 있는지 모르겠다고 말한다.

이처럼 학생회가 아무런 힘도 갖고 있지 못하기 때문에 학교에서 일어나는 일들에 학생들의 의견을 반영할 수 있는 통로는 거의 없다. 학

학생회는 학생의 인권을 실현하는 중요한 역할을 한다.

생들이 유일하게 할 수 있는 일은 일 년마다 학생회장과 반장을 뽑는 일뿐이다. 그리고 비공식적으로 '건의'를 해보는 정도가 지금 학교 민주주의의 수준이다. 그나마 지금처럼 학생회장이나 반장을 학생들이 직접 뽑을 수 있게 된 것도 1988년에 학생들이 "대통령부터 반장까지 직선제(직접선거제)로"라고 외치며 운동을 한 이후의 일이다. 그 이전까지는 학생회장이나 반장도 모두 교사들이 '임명'했다.

학교에서 학생회와 관련한 대부분의 권한은 교장이나 교사가 가지고 있다. 심지어 학생들이 직접 뽑은 학생회장도 교장, 교사가 마음에 들지 않는다면 언제든 갈아치울 수 있다. 또한 학생회장에 출마하려면 성적이 몇 등 이내여야 하는 등 차별적 규정들이 있는 학교들이 여럿 있다. 이런 상황에서 당연히 학생회가 학생들을 위해서 할 수 있는 일이란 별로 없다. 학생들이 머리를 빡빡 밀고 다녀야 하고 등교시간이 7시로 앞당겨져 학생들의 불만이 많아도 학생회가 손쓸 방법은 거의 없다.

또한 학생회장이나 반장이 되면 대학 입시에 유리하다는 점을 이용해서 학생회장이나 반장이 되려고 하는 학생들도 있다. 그런 사람들이 학생들의 의견을 제대로 모으고 학생들의 권리를 지켜 내고 개선하는 것은 불가능할 것이다. 학생회가 별다른 권한이 없기 때문에 더욱 이런 사람들이 많아지고 있기도 하다.

학생들은 학교의 일에 주도적으로 참여할 수 있어야 한다. 참여할 권리 또한 학생들의 인권이며, 학생들은 학교의 주인이기 때문이다. 학생회는 학생들의 의견을 모으고, 그것을 가지고 학교의 여러 가지 일들에서 힘을 쓰는 역할을 해야 한다. 예컨대 소풍이나 수학여행에 대한 기획도 교사만 하는 것이 아니라 학생들이 같이 논의해야 한다. 생활 규정 같은 학칙, 등교 시간이나 점심 시간, 시험 일정 등을 정할 때도 학생들의 의견이 반영돼야 한다. 하지만 거의 모든 학교에서 그런 일은 상상조차 하기 힘든 것이 현실이다.

한편, 학생회를 통한 참여에도 한계는 있다. 학생회나 대의원들이 학생들의 의견에 귀 기울이며 잘 할지를 백 퍼센트 장담할 수 없기 때문이다. 때문에 일반 학생들이 직접 참여할 수 있는 방법이 필요하다. 예컨대 학교의 소식을 전하고 학생의 목소리를 내는 언론 활동을 하는 동아리나 학생들의 인권을 개선하기 위한 활동을 하는 동아리, 학생회나 교사 회의, 교장을 감시하는 동아리 들이 있다. 학교에서 이런 자유로운 동아리 활동이 보장되고 누구나 참여할 수 있어야 할 것이다.

학교 안에서도 '정치'가 있다. 정치란 서로 다른 의견들을 조정해 결정하는 과정이기 때문이다. 학교에서 학생들은 정치의 주체로 참여할 수 있어야 하며, 성적이 높든 낮든, 학생회 임원이든 아니든 정치 활동이 보장돼야 한다. 학생들은 학교 안에서 정치에 참여할 때 진정한 학교의 주인이 될 수 있을 것이다.

학교는 왜 그렇게 학생의 머리카락과 복장에 집착할까?

햇볕이 지글지글 끓어오르는 운동장 한복판, 조회대 앞에 줄을 선 학생들 사이로 학생부 교사 몇 명과 선도부 몇 명이 투입된다. 곧 머리에 염색한 기미가 있거나 규정보다 머리 길이가 길거나 치맛단이 짧거나 또는 교복 바지에 허리띠를 하지 않은 학생들이 학생부의 호출을 받는다.

이 학생들은 벌점을 받거나, 운동장에 남아서 오리걸음을 걷거나, 규칙을 어긴 벌을 받고 나서야 비로소 풀려난다. 물론 일주일 안에 머리나 교복 따위를 '단정하게' 만들어서 다시 검사를 받아야 한다는 명령을 받는다.

대한민국 학생들 대부분이 중학교에 입학하는 순간부터 지겨울 정도로 겪게 되는 '두발 복장 규제'의 현장이다. 학생들은 중·고교 6년 동안 머리 모양과 옷을 마음대로 할 자유가 없다. 또한 학교 교칙과 교사의 체벌, 막말이 헌법이나 인권선언보다도 위에 있으며, 인권이나 자유를 얘기하는 것은 현실에서 별 힘이 없다는 사실을 배운다. 왜 학교는 그렇게 학생들의 머리와 교복을 틀에 맞추는 데 집착할까? 두발 복장 규제는 단순히 '학생다운 단정함'을 위한 것일까?

두발 복장 규제가 꼭 학생들에게만 해당되는 것은 아니었다. 1970년대 박정희 정부 때는 장발과 미니스커트를 단속했는데, 그 단속은 나이를 막론하고 전 국민을 대상으로 이루어졌다. 박정희 독재 정권에게 국민은 철저한 관리와 통제의 대상에 불과했으며, 사람들의 머리 길이나 치마 길이도 국가가 원하는 대로 명령할 수 있었음을 의미했다.

학교에서 벌어지고 있는 두발 복장 규제는 독재 정권 시대의 장발, 미니스커트 단속과 많은 면에서 닮았다. 과거의 상황을 지금에 비춰 본다면, '국가'는 커다란 학교였고 '국민'은 그 학교가 시키는 대로 살아야 했던 학생들이었다. 어쩌면 현재의 학교는 민주주의 사회라는 21세기 대한민국에서 홀로 1970년대 군사정권 시대에 멈춰 있는 것처럼 보인다. 그래서 학교는 학생들에게 지금도 명령하고 있는지도 모른다.

학교에서는 두발 복장 규제를 하며 "학생이 학생다워야지", "공부할 시기에 꾸밀 시간이 어딨어"라고 말하곤 한다. 하지만 더 중요한 목적은 두발 복장 규제를 시작으로 해서 학생들이 학교의 수많은 통제와 관리에 익숙해지도록 만드는 것이다. 두발 복장 규제는 '너희들은 머리부터 발끝까지 통제받고 있다. 마음대로 할 수 있는 건 아무것도 없다'라고 날마다 확인시켜 준다. 학교는 두발 복장 규제를 해서 학생들의 개성을 없애고 일상생활을 모두 통제하려고 하고, 학교에서 시키는 대로 따르고 시간표와 규율을 지키고 공부만 하는 학생들로 만들고 싶어하는 것이다.

2000년의 '노컷운동'은 16만 명 가량의 지지 서명을 모아 냈고, 그것은 인권을 주장한 청소년들의 목소리였다. 그때부터 꾸준히 두발과 복장의 자유를 요구하는 운동이 일어났다. 그 성과로 두발 자유는 중요한 인권의 하나로 인정받고 있다. 지금도 학생들은 두발 복장 규제에 반대하며 가장 기본적인 자유를 얻기 위해 학교 안에서 여러 차례 시위를 하고 서명운동을 하는 등 끈질기게 목소리를 내고 있다.

머리카락이나 옷처럼 사소한 것이 무슨 인권이냐고, 왜 거기에 그렇게 집착하냐고 말하는 사람들이 있다. 학생은 학교나 교사의 꼭두각시가 아니다. 내 몸은 내 것이고, 인간은 일방적인 명령과 폭력에 노출되지 않을 권리가 있다. 우리의 개성과 자유는 단지 '너희는 학생이니까'라는 이유로 침해받을 수 없는 것으로, 우리가 인간답게 살기 위해 꼭 필요한 것이다. 그래서 두발 복장의 자유는 인권이다.

'사랑의 매'는 인권침해일까?

학교를 들여다보면 학생들이 아침마다 지각을 했다는 이유로 '앉았다 일어섰다', '오리걸음', '엎드려뻗쳐' 같은 벌을 받고 있는 모습을 쉽게 볼 수 있다.

청소년들은 성적이 떨어졌다거나 거짓말을 했다는 등의 이유로 부모에게 회초리를 맞기도 한다. 잘못을 했다고 매를 맞거나 몸을 아프고 힘들게 하는 벌을 받는 것은 한국에서 아주 흔한 일이다. 이렇게 교육할 목적으로 때리거나 벌을 주는 등 직간접으로 신체에 고통을 주는 것을 '체벌'이라고 부른다. 체벌은 대개 아동이나 청소년들이 당하는 경우가 많다. 학교에서 교사들이, 가정에서는 부모나 다른 가족들이, 학원에서는 강사나 사범 등이 아이들을 체벌하곤 한다.

체벌은 폭력일까? 이런 질문을 던지면 많은 사람들이 체벌은 폭력이 아니라 교육이라고 말하곤 한다. 청소년들이 잘되라는 의미에서 드는 '사랑의 매'이기 때문에 폭력이라고 해서는 안 된다는 것이다. 심지어 체벌을 당하는 청소년들 중에서도 체벌이 필요하다고 말하기도 한다.

그러나 유엔 등 국제기구들이나 인권 단체들은 체벌을 완전히 금지해야 하며 체벌이 세상에서 사라져야 한다고 말한다. 체벌은 인간의 존엄성과 신체의 자유를 침해하는 폭력이고 비교육적이기 때문이다. 체벌은 가하는 사람이나 당하는 사람이나 폭력과 인권침해에 익숙해지게 만든다. 교육은 자기 자신과 다른 사람을 존중하는 것과 인권의 소중함을 가르쳐야 하는데, 정반대로 힘 있는 사람이 힘없는 사람에게 폭력을 휘두를 수도 있다는 것과 인간의 존엄을 짓밟는 것을 가르치는 것이다. 또한 체벌은 자율과 대화하는 능력을 기르기보다는 자신을 때리는 힘 센 사람의 눈치를 보게 만들 뿐이다.

외국의 많은 나라들이 학교에서 체벌하는 것을 금지하고 있다. 이웃 나라인 일본이나 영국, 이탈리아 등이 학교에서 체벌하는 것을 법으로 금지하고 있다. 스웨덴, 독일, 핀란드, 네덜란드 등은 학교와 가정을 비롯해 사회 그 어느 곳에서도 체벌을 할 수 없도록 법으로 정하고 있다. 이런 나라들은 체벌을 하지 않아도 청소년의 인권을 존중하면서 충분히 교육이 가능하다는 것을 보여 주고 있다.

1998년, 한국에서도 학교에서 체벌하는 것을 금지하려는 움직임이 있었다. 그러나 교육부에서는 결국 '교육상 불가피한 경우를 제외하고는' 체벌을 금지한다는 식으로 체벌을 허용하는 법을 내놓았고, 체벌에 관한 여러 규정을 정해 두고 있지만 여전히 학교에서는 많은 학생들이 일상적으로 폭력을 당하고 있다. 2010년에야 서울, 경기도, 강원도 교육청에서 학교에서 체벌하는 것을 금지하겠다고 했다. 그러나 가정과 학원에서의 체벌을 금지하자는 이야기는 아직 제대로 된 적이 없다.

많은 사람들이 체벌을 쉽게 생각한다. 왜냐하면 어릴 적부터 체벌을 당하고 체벌을 하면서 살아온 탓에 폭력에 익숙해져 있기 때문이다. 당장 체벌이 없어지면 혼란이 생기고 교육을 할 수 없게 될 거라고 말하는 사람들도 있다. 그러나 체벌에 반대하는 사람들은 교육을 위해 체벌이 불가피하다고 주장할 게 아니라 체벌 없이도 교육할 수 있는 학교, 가정, 사회를 만들려고 노력해야 한다고 말한다. 이렇게 하기 위해서는 먼저 '체벌할 수 없다'라는 체벌 금지의 원칙을 확실하게 해야 한다. "잘못하거나 어른들 마음에 안 들면 때릴 수도 있다"라는 생각 자체를 뿌리 뽑아야 하기 때문이다.

한국에서는 체벌 때문에 죽음에 이르는 청소년들이 해마다 나오고 있다. 청소년에 대한 폭력이 허용되고 있기 때문에 일어나는 끔찍한 사건들이다. 이처럼 죽음에 이른 몇몇 경우들이 아니더라도, 일상에서 청소년들은 '사랑'과 '교육'의 이름으로 가해지는 폭력에 노출되어 있다. 체벌 여부는 우리 사회가 청소년들의 인권을 얼마나 존중하고 있는지를 보여 주는 지표 중 하나다.

학교는 학생을 잘 가르치고 있는 걸까?

"행복은 성적순이 아니잖아"라는 말을 한 번쯤은 들어본 적이 있을 것이다. 이 말은 1986년에 자살한 중학생의 유서에 적혀 있던 문구로, 이 말이 널리 알려지면서 〈행복은 성적순이 아니잖아요〉라는 제목의 영화가 만들어지기도 했다.

성적과 등수가 교육의 목표가 된 한국 교육의 현실을 잘 보여 주는 말이고, 그런 교육 환경에서 청소년들이 느끼는 고통을 잘 표현한 말이다.

한국 사회를 말할 때 우리는 흔히 '학벌 사회'라고 한다. 학교들이 서열화되어 있어 어느 학교를 나왔느냐에 따라 사람이 차별받는 사회라는 뜻이다. 그렇기 때문에 중·고등학교 교육의 목표는 수능 시험(대학수학능력시험), 대학 입시에서 좋은 성적을 얻어서 더 '서열이 높은' 대학교에 가는 것이다. 그래서 대학 입시와는 거리가 있는 '전문계' 고등학교에 다니는 학생들은 낙오자들로 차별을 받기도 한다. 또한 시험 성적에 따라 학생들을 차별하는 일은 학교에서 당연한 것이 되어 버렸다. 사교육이든 공교육이든 입시를 위한 교육이 아닌 교육을 찾아보기가 더 어렵다. 많은 학생들은 시험을 위해 필요하지 않은 지식을 외우고,

시험 문제 푸는 법을 익히기 위해 억지로 공부하고 있다고 생각한다.

이러한 교육제도의 문제는 심각한 사회문제인 동시에 인권의 문제이다. "행복은 성적순이 아니잖아"라고 외치며 목숨을 끊은 청소년처럼 입시 때문에 자살을 하는 청소년들의 생명의 문제이며, 아침부터 밤까지 입시 공부에 매달려야 하는 청소년들의 쉴 권리와 건강권, 그리고 교육받을 권리의 문제인 것이다. 교육은 한국에서 가장 중요한 청소년 인권 문제 중 하나로 꼽을 수 있다.

어떤 사람들은 교육제도나 정책은 인권의 문제가 아니라고 생각한다. 교육을 받을 기회가 주어지고 학교를 다닐 수 있느냐 하는 것은 인권의 문제일지 몰라도, 학교에서 어떤 내용을 어떤 방식으로 교육할 것인지, 어떤 교육정책을 시행하는지는 교육에 대한 생각의 차이일 뿐이고 얼마든지 다를 수 있다는 것이다.

그러나 교육받을 권리는 단순히 학교를 다닐 권리가 아니다. 교육받을 권리에 대한 국제 협약과 기준들을 보면 교육받을 권리를 제대로 보장하는 좋은 교육은 어떤 교육인지 상세하게 나와 있다. 아무리 교육에 대해 서로 생각이 다르고 교육 방식이나 내용에 차이가 있을 수 있더라도, 먼저 이런 기준을 지키는 교육이어야 교육받을 권리를 보장하고 있다고 할 수 있다.

인권의 이름으로 이야기하는 좋은 교육의 기준은 이렇다. 좋은 교육이란 우리의 인격과 잠재력을 최대한 발전시키는 것이다. 좋은 교육의 목표는 인권과 평화, 민주주의, 자연에 대한 사랑처럼 사람들이 자유롭고 평화롭게 살기 위해 필요한 가치를 익힐 수 있도록 돕는 것이다. 좋은 교육을 하기 위해서 학교는 규율을 정할 때 그리고 운영할 때 인권을 존중해야 한다. 좋은 교육은 다양한 학생들이 모두가 평등하게 참여할 수 있는 교육이다. 또, 교육을 받는 사람들이 너무 부담스럽거나 힘든 교육을 해서도 안 된다.

그렇다면 한국의 교육제도는 어떨까? 서열이 높은 학교에 진학하기 위해 입시를 준비하고 성적으로 경쟁하는 교육은 학생들의 인격과 잠재력을 발전시킬 수 있는 교육이 아니다. 교과서의 지식을 외우고 시험 문제 푸는 법만 중요하게 가르치기 때문에 학생들의 다양한 잠재력과 적성은 무시된다. 성적으로 서열화하는 교육은 평등과 인격에 대한 존중을 가르치기보다는 차별과 배제를 가르친다. 학교에서 인권과 평화, 민주주의, 자연에 대한 사랑에 대해 배울 수 있는 기회는 거의 없다.

한국의 경쟁적 교육제도 가운데 학생의 인권을 침해하는 가장 대표적인 예가 바로 강제적인 야간 자율 학습과 보충수업, 그리고 사교육 등일 것이다. 안 그래도 한국은 학교에서 받는 정규 수업도 많은 편인데, 학생들은 거기에 더해서 보충수업이나 자율 학습, 그도 아니면 학원에 다니는 등 학교가 끝난 후에도 공부에 매여 있다. 학교에서는 "애들을 공부시킨다"라고 말하곤 한다. 학생들이 공부를 하기 싫어하니까 억지로라도 시켜야 한다는 말이다. 하지만 학생들 대부분은 입시 외에 어떤 도움이 되는지도 모르겠고, 무조건 외우고 문제 풀이만 하는 공부를 재미없어한다. 공부를 하고 싶은데 할 수 없는 것도 교육받을 권리를 침해하는 것이지만, 강제로 힘들게 억지 공부를 시키는 것도 인권을 침해하는 것 아닐까?

이처럼 하루의 대부분을 반강제적으로 공부를 해야만 하는 환경은 인권으로 보장되어 있는 휴식과 여가를 즐길 권리, 적당한 놀이와 오락 활동에 참여할 권리를 청소년들이 전혀 누리지 못하게 한다. 이런 부담에서 벗어나 있는 청소년들은 입시에서 '승리'할 가능성이 별로 없는 전문계 고등학교 학생이나 성적이 안 좋은 학생, 탈학교 청소년 들인데 이들은 사회에서 차별받고 무시당하기 십상이다.

이런 교육제도를 바꾸기 위한 노력이 없었던 것은 아니다. 2003년부터 수능시험 날에는 대학 입시 경쟁에 반대하며 '안티수능 페스티벌'이 열렸고, 이는 '입시 폐지 대학 평준화'를 요구하는 운동으로 발전했다. 2005년, 정부에서 내신등급제를 도입하겠다고 하자 청소년들이 자발적으로 촛불을 들고 거리로 나와 입시 경쟁 교육에 대한 불만을 표출해 세상을 놀라게 했다. 그리고 2008년 촛불집회 때 많은 청소년들이 지금의 교육을 "미친 교육"이라고 부르며 불만의 목소리를 높였다. 학생들과 교육 단체들은 2008년에 시행된 '일제고사' 등 경쟁을 더 심하게 만들거나 학생들을 더 힘들게 하는 교육에 반대하면서 시험 거부, 집회, 캠페인 등을 벌이기도 했다.

좀 더 인권을 존중하는 좋은 교육을 만들기 위한 노력들도 있다. 1990년대에 시작된 대안교육 운동의 영향으로 많은 대안학교들이 생겨났다. 대안학교들은 좀 더 학생들의 인권을 존중하고 학생들이 참여하는 교육, 평화, 비폭력, 민주주의, 생태, 노동 같은 삶의 가치를 배우는 교육 등 교육 철학에 따라 여러 가지 대안적인 교육들을 만

> 일제고사는 전국적으로 동시에 같은 문제로 보는 시험을 말한다. 전국의 학교들을 성적에 따라 서열화하는 것이 가능하기 때문에 경쟁을 부추긴다는 비판을 받고 있다.

들어 왔다. 대안학교들이 모두 완벽하다고는 할 수 없겠지만, 대안교육 운동은 지금의 학교와는 다른 학교를 만드는 것이 가능함을 보여 주고 있다. 또한 다른 나라들에서는 어떻게 교육을 하고 있고 어떻게 학교를 운영하는지 소개되면서, 학생들의 인격과 개성, 재능을 존중하는 교육 제도에 대한 관심도 높아지고 있다.

교육받을 권리는 모든 사람이 보장받아야 할 인권인 동시에 특히 청소년들에게 중요한 권리이다. 교육받을 권리를 제대로 보장하기 위해서는 좋은 교육을 해야 한다. 학교에서는 우리를 잘 가르치고 있는 걸까? 청소년의 교육받을 권리는 잘 보장되고 있는 걸까? 이런 질문에 좀 더 자신 있게 긍정적으로 대답하기 위해서 한국의 학교는 많은 것들이 바뀌어야 할 것 같다. 우리의 교육제도가 과연 좋은 교육인지, 우리가 교육을 받으며 우리의 인권을 잘 보장받고 있는지 더 많은 관심을 가져야 한다.

성적을 마음대로 공개하거나 알려도 되는 걸까?

학교에 다니고 있는 청소년들에게 끝없는 시험만큼이나 견디기 어려운 것은 그 후에 따라 나오는 성적표다. 당당하게 성적표를 내밀 수 있는 청소년들도 있겠지만, 많은 청소년들은 성적표를 친구들이나 가족들에게 보이고 싶지 않을 것이다.

하지만 학교에서는 성적표에 부모님이나 보호자의 확인을 받아 오라고 요구하고, 집으로 성적표를 직접 보내기도 한다. 심지어 학생들의 성적을 공개하는 학교들도 있다.

세상에는 '나'를 이루는 많은 정보들이 있다. 이름, 나이, 성별, 생년월일, 사는 지역 등등. 학교 성적도 그 정보들 가운데 하나이다. 개인정보에 대한 권리는 원칙적으로 '나'에게 있고, 예외적으로 어쩔 수 없이 필요한 경우에만 공개하거나 감추는 것이 가능하다. 그러나 학교에서는 학생들의 개인정보를, 어쩌면 숨기고 싶어 할지도 모르는 그 정보들을 너무나 아무렇지 않게 마음대로 다룬다.

교복은 우리가 학생이라는 것 그리고 어느 학교에 다니는지를 드러낸다. 그리고 가슴에는 이름 석 자가 적힌 명찰이 박혀 있다. 보통 명찰

은 색깔이나 형태로 어느 학년인지까지 알 수 있다. 성적표를 집에 보
내고 학교 안에서 공개하는 것도 모자라서 교육행정정보시스템(NEIS)

으로 인터넷을 이용해 부모 등 보호자들이 언제든 볼 수 있
게 하고 있다. 학교에서는 '가정 환경 조사서'를 나누어 주
며 우리가 알리고 싶지 않은 집안 사정이나 경제력, 가족
들의 직업이나 학력 같은 정보들을 모두 적어 오라고 한
다. 우리가 밝히고 싶지 않은 가정 사정이나 비밀이 학교
에서 함부로 알려지기도 한다. 휴대전화로 우리가 어디에 갔는지 하나
하나 추적하는 부모들도 있다. 이처럼 우리의 뜻과는 무관하게 우리의
정보가 수집되고 알려지는 일이 비일비재하다.

학교가 성적표를 굳이 집으로 보내거나 공개하려고 하는 이유는 뭘
까? 더 열심히 공부하라고 압박을 주려는 의도가 가장 클 것이다. 성적
은 다 공개되고 그것 때문에 혼나거나 비교당할 테니, 더 열심히 공부
해서 더 좋은 성적을 받으라는 것이다. 성적은 당연하게도 학생의 개인
정보이기 때문에 학생의 동의 없이 그것을 공개하거나 알리는 것은 개
인 정보 유출이다. 하지만 주민등록번호 같은 개인 정보가 유출됐을 때
에 비해 대부분의 사람들은 사뭇 다른 태도를 보인다. 학생들을 더 쉽
게 통제하기 위한 명찰도 마찬가지다. 더 열심히 공부해야 하고 통제받
아야 하는, 인간이기 이전에 학생인 청소년들에게 인권은 우선순위에
서 밀려나 있는 것이다.

학생들에게 "남에게 부끄럽지 않을 정도로 성적을 잘 받으면 되잖
아?"라거나 "떳떳하고 아무 잘못도 없으면 명찰을 달고 다녀도 문제될

<2010년 3학년 반별>　　2010년 3학년 인문계 모의수능 성적 분석 자료(3월 서울시)　　3월 10일(수)

반	번호	이름	언어 점수	언어 석차	수리 점수	수리 석차	외국어 점수	외국어 석차	윤리	윤리 석차	국사	국사 석차	한시	한시 석차	법사	법사 석차	기타	탐4	학역	계역	탐3	석차	연수외	석차
3	1		79	60	55	60	71	56	47	13		137	40	68	27	90	25	344	14	55	281	57	205	53
3	2		73	93	60	32	92	10	48	7	46	25	42	56	41	28		411	7	24	325	26	234	26
3	3		83	32	28	117	36	139	39	70	23	98	36	85	31	75		276	28	107	218	111	147	116
3	4		66	116	34	104	59	88	32	111	7	130	31	107	15	140		244	31	121	211	117	159	107
3	5		###	###	###	###	###	###	0	150	0	137	0	150	0	151		0	38	154	0	154	0	154
3	6		55	142	37	95	56	95	27	124	24	95	26	117	25	101		250	30	120	200	121	148	115
3	7		59	133	52	66	57	93	9	145	16	119	26	117	15	140		234	35	128	206	119	168	100
3	8		72	96	62	45	65	73	37	88	33	66	16	138	21	117		306	20	85	260	77	199	62
3	9		56	139	22	111	38	136	40	66	17	114	44	36	17	133		244	31	121	193	125	126	131
3	10		78	85	63	42	96	3	47	13	47	17	45	29	34	59		407	8	25	327	25	234	26
3	11		87	17	72	27	64	75	47	13	41	42	40	68	37	46		388	9	30	308	34	223	36
3	12		85	25	75	22	89	15	44	38	50	1	40	68	42	24		425	5	19	340	20	249	18
3	13		69	111	49	71	66	63	45	27	24	95	43	43	31	75		329	18	72	265	69	186	77
3	14		86	21	57	57	87	22	49	50	42	38	46	21	17	133		378	10	38	317	31	230	30
3	15		69	111	18	142	35	142	27	124	28	85	26	117	28	83		231	36	129	177	134	122	138
3	16		75	85	39	87	62	81	39	70	25	89	28	114	27	90		295	22	90	239	95	176	87
3	17		78	63	50	69	75	47	39	70	21	106	44	36	34	59		341	15	58	281	57	203	55
3	18		83	32	60	48	72	52	34	100	14	120	25	122	32	71		320	19	78	276	61	215	42
3	19		84	29	42	78	64	75	28	121	21	106	41	65	14	144		294	23	92	250	86	190	71
3	20		93	6	35	101	72	52	42	56	21	106	42	56	45	13		350	13	53	286	51	200	60
3	21		79	50	44	77	52	105	34	100	36	54	42	56	43	22		330	17	71	256	82	175	90
3	22		78	63	60	48	70	57	47	13	31	73	43	43	37	46		366	12	45	293	47	208	49
3	23		70	105	20	137	74	50	39	70	33	66	32	104	25	101		293	25	95	233	101	164	103
3	24		75	85	60	48	57	93	19	134	22	101	25	122	26	96		284	27	99	241	92	192	69
3	25		69	122	33	108	34	144	12	141	39	47	35	88	17	133		235	34	127	193	126	132	126
3	26		87	17	60	48	85	18	50	1	47	17	50	1	36	50		418	6	22	333	21	235	25
3	27		73	93	22	130	76	47	42	56		137	38	73	23	108	21	294	23	92	239	94	170	97
3	28		70	105	51	67	67	64	34	100	35	57	26	117	22	111		305	21	86	251	84	188	73
3	29		67	115	29	116	27	152	32	111	25	89	4	149	21	117		205	37	138	175	136	123	134
3	30		69	12	54	61	78	38	39	70	31	73	41	65	42	24		374	11	41	302	39	221	39
3	31		94	4	96	2	93	9	44	38	50	1	46	21	44	19		467	2	4	376	2	283	1
3	32		77	70	22	130	31	149	36	92	48	11	42	56	33	64		289	26	97	214	115	130	127
3	33		###	###	###	###	###	###	0	150	0	137	0	150	0	151		0	38	154	0	154	0	154
3	34		72	96	40	84	76	44	42	56	31	73	35	88	39	38		335	16	65	265	69	188	73
3	35		52	41	100	1	98	1	50	1	50	1	48	10	50	1		478	1	1	380	1	280	2
3	36		81	44	89	9	81	32	44	38	50	1	45	29		19		434	4	14	344	17	251	17
3	37		56	116	21	135	42	121	24	127	22	101	43	43	19	126		237	33	125	188	127	129	129
3	38		91	8	85	13	53	28	38	82	50	1	48	10	41	28		439	3	13	355	11	262	10
3			60	130	19	140	54	100	0	150	48	11	43	43	0	151	37	261	29	115	218	110	133	125

아직도 성적 공개는 공공연하게 이루어진다.

거 없잖아?"라는 식으로 말하는 건 학생들의 인권을 무시하는 것은 아닐까? 자기 정보를 모으고 공개하는 것에 항의하는 것은 잘못이 아니다. 청소년들에게 정보 인권 같은 것은 사치라고 말하는 사회가 잘못된 것이다.

학교가 학생들에게 종교를 강요할 수 있을까?

사립학교들 중에는 특정 종교의 재단에서 세운 학교들이 있다. 이런 학교들 중에는 종교에 관련된 종교 행사, 종교의식, 종교 수업을 하거나 그 종교를 선교하는 곳들이 많다.

학생회장에 출마하거나 상을 받을 수 있는 기준으로 특정 종교를 강요하는 학교들도 있다. 이런 학교에서는 교사들도 종교를 강요당하거나 종교를 이유로 차별을 겪기도 한다. 이런 학교들은 이를 "선교 활동의 자유"라며 당연히 보장받아야 한다고 말하곤 한다. 그러나 학생들 중에는 학교에서 부당하게 종교를 강요하고 있으며 그것이 종교의 자유를 침해하는 인권침해라고 이야기하는 학생들이 있다. 인권 단체들 또한 학교에서 예배나 종교 행사 등을 강요하거나 신앙을 기준으로 불이익을 당해서는 안 되며 학생들의 종교의 자유를 보장해야 한다고 주장한다.

한국 사회에서 학생들의 종교의 자유가 진지하게 이야기되기 시작한 것은 한 학생의 용기 있는 행동 덕분이었다. 2004년, 대광고등학교 학

생인 강의석 군이 학교의 종교 강요를 비판하는 방송을 하며 문제 제기
를 했다. 대광고등학교는 강의석 군을 퇴학시켰지만, 강의석 군은 교육
청 앞에서 1인 시위와 단식을 했고, 국가인권위원회에 진정하는 등 종
교의 자유를 보장하라는 주장을 굽히지 않았다. 이 사건을 계기로 많은
사람들이 학교에서의 종교의 자유 문제를 중요한 인권 문제로 생각하
기 시작했다. 강의석 군은 결국 학교로부터 강제적으로 실
시되는 예배를 중단하고 학생들에게 예배 참석 자율권을
준다는 약속을 받아 냈고, 법원에서 퇴학 무효 판결을 받
아 무사히 학교를 졸업했다. 졸업한 이후에도 강의석 군은
민사소송을 통해서 학교에서 종교의식 등을 강요하는 것
이 위법한 인권침해라는 판결을 받아 냈다.

　학교 안에서 종교의 자유를 이야기할 때, 고교 평준화 제도 때문에
학생들이 학교를 선택하지 못하는 것이 문제라는 지적이 있다. 그 학교
에서 요구하는 종교를 믿는 학생들만 입학하면 문제가 없다는 것이다.
그러나 이에 대해서도 학교 선택이 아니라 학교에서 종교를 강요하는
것 자체가 문제라는 비판이 있다. 만약에 어느 학생이 그 학교에 입학
할 때는 그 학교를 세운 종교재단과 같은 신앙을 가지고 있었는데 도중
에 종교가 바뀌었다면, 그 학생은 종교가 바뀌었다는 이유로 그 학교를
그만두어야 할까?

　신학 학교가 아닌 이상, 학교는 첫째로 사람들의 교육권을 보장하기
위한 기관이므로 그 학교를 설립한 종교 재단의 선교 활동의 자유는 학
교의 목적에서 이차적인 것이다. 학생들이 신앙을 갖거나 갖지 않을 자

유는 종교 재단의 선교 활동의 자유보다 더욱 중요한 인권으로 인정받고 있다. 종교 재단은 종교 행사를 하거나 선택 가능한 종교 수업을 운영할 수 있지만, 학생들에게 행사나 수업에 참여할 것을 강요하거나 종교를 이유로 부당한 차별을 해서는 안 된다. 그러므로 학생들의 종교의 자유를 보장하라고 요구하는 것은 학교가 어느 종교 재단의 사유물이 아니라 교육을 위한 기관이고, 학교를 운영하는 재단은 학생들의 인권을 존중해야 한다는 원칙의 문제이다. '교육'의 이름으로 학생들에게 학교 운영자의 생각이나 믿음을 강요해서는 안 된다는 것을 확실하게 해둔다는 점에서 중요한 것이다.

그 밖에도 학생들의 종교의 자유가 교사 개인이나 가족들에 의해 침해당하는 경우도 많다. 또한 국기에 대한 맹세와 경례를 강제로 시키는 것도 일종의 '종교 강요'로 양심의 자유와 종교의 자유를 침해한다는 주장이 있다. 실제로 종교적 이유로 국기에 대한 맹세나 경례를 거부해 학생들이 징계를 받거나 입학을 거부당한 사례도 있다.

지금도 인권 단체들을 비롯해 많은 사람들이 학생들의 종교의 자유를 침해하는 것을 비판하며 바꿀 것을 요구하고 있다. 그러나 아직도 학생들의 종교의 자유를 보장하기 위한 제도나 정책은 제대로 시행되지 못하고 있고, 많은 종교 재단에서 세운 사립학교들이 강제로 자신들의 종교를 믿으라고 요구하고 있는 것이 한국 인권 상황의 현주소이다.

정치는 어른들만의 것일까?

'정치'라고 하면 어떤 모습이 떠오를까? 아마 대부분의 사람들은 국회 건물 안에서 정장을 입은 어른들이 살벌한 토론이나 몸싸움을 벌이는 모습을 떠올리거나, 선거철에 후보들이 연설을 하는 모습을 떠올릴 것이다.

이런 모습들은 사회적인 일들을 결정할 때 대표자들 몇 명을 뽑아서 그 대표자들이 결정을 하도록 하는 '대의민주주의'의 모습이다. 우리가 보고 배운 정치의 모습이란 대부분이 대의민주주의 정치이다.

하지만 선거를 하고 의회에서 법을 만들거나 없애는 것만이 정치는 아니다. 정치는 우리가 사는 사회를 움직이는 중요한 활동이다. 정치는 우리가 생활하는 것 그대로일 수도 있다. 정치는 남자만 하는 것도 아니고, 부자들만 하는 것도 아니고, 백인만 하는 것도 아니고, 어른들만 하는 것도 아니다. 여자건 가난한 사람이건 황인이건 흑인이건 정치를 할 권리가 있고, 당연히 청소년들도 정치를 할 권리가 있다.

그러나 한국에서 청소년들이 정치에 참여하는 길은 막혀 있다. 투표를 할 수도 없고, 선거에 출마할 수도 없다. 그렇다고 특정 후보를 지지

할 수 있는 것도 아니다. 청소년이 집회나 시위에 참여하거나 주도하는 것이 불가능한 것은 아니지만 상상하기 힘들고, 심지어 청소년들이 다니는 학교에서 청소년들의 정치 활동은 금지되어 있는 경우가 많다.

대통령선거, 국회의원선거, 지방선거 등 선거 때마다 몇 가지는 청소년들과 관련된 공약들이 나오고, 또 논란이 되기도 한다. 교육정책이나 청소년 정책들이 그렇고, 지역을 바꾸는 공약들이나 건물을 새로 짓겠다는 정책도 청소년들과 관련이 있다. 특히 2006년부터 법이 바뀌어서 시행된 교육감 선거에서는 그 어떤 선거보다도 청소년의 삶에 관한 공약들이 많이 나온다.

그렇지만 한국에서 선거권이 있는 나이는 만 19세이다. 20세가 되는 해의 생일이 지난 사람만 선거를 할 수 있고, 만 25세는 돼야 후보로 나갈 수 있다. 청소년들의 문제에 대해 정작 청소년들은 한 마디도 제대로 하지 못하는 이상한 상황이 벌어지는 것이다. 청소년들의 정치 참여를 주장하는 사람들은 한국은 선거권을 주는 연령이 너무 높아서 낮추는 것이 필요하고, 또 선거권이 없다고 하더라도 선거에 참여하고 정치 활동을 하는 것을 보장해야 한다고 이야기한다. 한국에서는 선거권이 없으면 선거운동도 못하고 정당 가입도 못하게 되어 있기 때문이다. 독일이나 미국에서는 10대 국회의원, 10대 시장이 나오고 청소년들이 정당에 가입해서 활동을 하는 것과 비교해 보면 우울한 모습이다.

또한 청소년들에게도 표현의 자유와 집회·결사의 자유를 보장해야 한다. '집회'란 어떠한 문제에 대해 같은 생각을 가진 사람들이 모여서 자신들의 주장을 펼치는 행동이고, '결사'는 모임이나 단체를 만드는 것이다. 집회를 하거나 모임을 만들어 목소리를 내는 것은 사람들이 함께 힘을 모아서 정치를 하기 위한 중요한 수단이다. 그러나 청소년들은 나이가 어리다는 이유로 집회를 할 때 교사들이 감시를 하기도 하고 학교에서 정치 활동을 못하게 막기도 한다. 2008년에는 어느 고등학생이 이명박 정부를 비판하는 촛불집회를 하려고 집회 신고를 내자 학교에 경찰이 찾아와서 집회를 못하게 막은 적도 있다.

정치는 어른들만의 것이 아니다. 어른들이 청소년들의 정치적 권리를 제한하면서 내세우는 이유는 '미성숙하기 때문'이다. 그러나 성숙함과 미성숙함은 정치에서 중요한 것이 아니다. 정치 활동을 하면서 경험을 쌓아야 오히려 성숙해질 수 있는 것인지도 모른다. 정치적 자유는 우리가 같이 살아가는 사회에서 인간답게 살기 위해 꼭 필요한 권리다. 청소년들이 좀 더 나은 삶을 살기 위해서는 청소년들이 정치에 참여할 수 있도록 하는 것이 필요하다.

청소년도 노동자가 될 수 있을까?

청소년이 돈이 필요해서 일을 하려고 한다면 어떨까? 일단 학교에 다니는 청소년들은 학교가 끝난 후에야 일을 할 수 있다. 또 청소년이라는 이유로 일자리를 구하기도 쉽지 않다.

"학생이 공부나 할 것이지"라는 부정적인 시선을 받을 가능성도 크다. 부모님이나 보호자의 동의를 받지 않으면 일을 할 수조차 없다. 겨우 구한 일자리에서는 법으로 정해진 돈도 잘 주지 않거나 막말을 듣고 무시당하기 일쑤다. 하물며 청소년들이 노동자로서 노동조합을 만드는 것은 상상하기도 어렵다. 낮은 임금을 받으며 비정규직으로 일하는 20대들의 현실을 가리키는 '88만 원 세대'라는 말에 빗대어, 청소년 노동자들을 '88만 원 세대도 되지 못하는 44만 원 세대'라고 부르기도 한다. 그것이 청소년 노동자들에게 붙여진 이름이다.

전문계고 학생들 중에도 '현장 실습'이라는 이름으로 최저임금, 혹은 그보다 못한 돈을 받고 차별을 받으며 일을 하는 학생들이 많이 있

> 88만 원 세대라는 말은 박권일, 우석훈이 2007년에 낸 《88만 원 세대》에서 나온 것이다. 한국의 20대들 다수가 비정규직 노동자가 되고 그들의 평균임금이 88만 원밖에 되지 않는 현실을 가리킨다.

다. 현장 실습은 공식적으로는 '학교에서 배운 지식과 기술을 실제 현장에서 적용하고 경험함으로써 다양한 직업을 체험하고 현장 적응력을 높이는 것을 목적으로 하는 교육 과정의 일환'이라고 한다. 그러나 실습을 나가기 전에 일을 할 때 자신들의 권리에 대한 교육은 제대로 해 주지 않고, 학교에서 배운 것과는 전혀 다른 직종의 일을 하기도 하며 건강과 안전도 위협받고 있다. '현장 실습'을 핑계로 싼 값에 다루기 편한 노동력 취급을 받는 것이다.

이처럼 일하는 청소년들의 인권이 침해당하는 이유는 사람들이 청소년들의 노동을 대하는 태도와 관련이 있다. "어린것이 공부나 하지 무슨 일이야!", "너희들 같은 어린 애들은 사회 경험한다고 생각하고 고맙게 일해야 해"라는 식의 태도들이 청소년들의 노동을 값싼 노동, 필요하지 않은 노동으로 만든다. 청소년들은 부모나 보호자 등 어른들이 먹여 살리기 때문에 청소년들의 노동은 먹고살기 위해 꼭 필요한 노동이 아니라는 생각이다.

청소년은 성인들에 비해 취약하므로 성인들보다 더 많이 보호해 줘야 한다는 보호론조차도 일하고 싶어 하거나 일하고 있는 청소년들을 힘들게 하는 면이 있다. 보호자 동의서, 노동 시간 제한 등은 정작 청소년들이 일하면서 당하는 인권침해를 막는 데는 큰 힘을 발휘하지 못하면서 한편으로는 일자리를 구하기 어렵게 만든다. 심지어 보호자 동의서가 없는데도 일을 하게 해줬으니까 임금을 적게 주어도 군말 없이 일하라고 하는 일터도 간혹 있다. '보호'란 것은 청소년들에게 힘을 주고 도움이 되어야 하

근로기준법상 한국은 만 15세부터 일자리를 구해서 일을 할 수 있다. 하지만 만 18세가 되기 전까지는 부모나 보호자나 후견인의 동의서가 있어야 일할 수 있다.

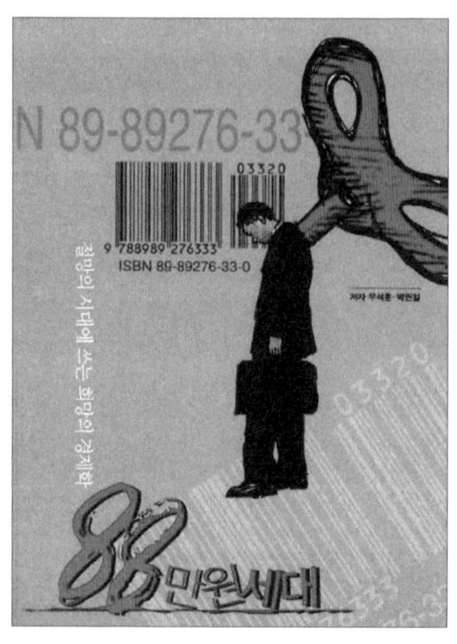

《88만 원 세대》의 영향으로 '88만 원 세대'가 20대를
가르키는 말로 사회화되었다.

는데, 어떤 보호들은 청소년들을 가로막는 장벽이 된다.

일하는 청소년들을 '알바생'이라고 부르곤 한다. 아르바이트를 하는 '학생'이라는 뜻이다. 결국 어른들이 청소년을 보는 시선에는 '학생'이라는 생각이 깔려 있는 것이다. 그렇기 때문에 청소년들의 일의 가치는 무시하고 "미래를 짊어질 사람", "사회를 배우는 사람"이라고만 말하는 것이다. 하지만 패스트푸드점이나 편의점에서 일하는 사람들 대부분이 청소년들인데 그런 태도로는 청소년 노동자들의 인권을 침해하는 것을 거들 뿐이다.

노동자는 '직업의 종류를 불문하고 노동의 대가로 임금을 받아 생활하는 사람'이다. 무슨 일을 하든, 나이가 많든 적든 상관없이 일하는 사람들은 모두 노동자다. 그런데 왜 한국에서 청소년들은 '알바생'이 아닌 자신이 하는 일의 가치를 인정받고 권리를 가진 노동자가 되기 힘든 것일까?

노동을 하지 않을 권리 또한 청소년의 인권이지만, 필요하고 원할 때 일을 해서 돈을 벌 수 있는 것도 청소년의 인권이다. 그리고 노동을 하지 않으면 돈을 벌고 살기 힘든 사회에서 단지 나이가 어리다는 이유만으로 일할 권리를 무시해서는 안 된다. 청소년도 노동자라고 당당하게 애기하고, 노동자로서 자신의 권리를 찾기 위해서 일하는 청소년들의 인권을 더 많이 이야기해야 할 것이다.

청소년 보호는 청소년을 위한 것일까?

청소년이라는 이유로, 학생이라는 이유로, 만 19세가 되지 않았다는 이유로 우리가 할 수 없는 여러 가지 것들이 있다.

예컨대 우리는 담배나 술을 살 수 없고, 10시 이후에는 찜질방이나 노래방, 피시방에는 출입할 수도 없다. 어떤 영화들은 19세 이상만 볼 수 있고, 어떤 노래들은 19세 이상인 사람들만 들을 수 있다.

'청소년보호법'이라는 법률이 있다. '청소년의 건전한 육성, 보호를 위해 제정한 법률'이다. 즉 청소년이 담배와 술을 사지 못하게 하고, 19세 미만 관람 불가 영화를 보지 못하게 하며, 청소년이 10시 이후에 노래방이나 피시방, 찜질방을 가지 못하게 하는 것은 모두 이 법이 있기 때문이다. 그래서 청소년들은 담배도 술도 영화도 노래방도 마음대로 갈 수 없다. 청소년이라서 보호를 받아야 하기 때문에 당연히 안 되는 것이다.

'19금'은 음악이나 게임에도 있다. 몇몇 아이돌 가수들의 노래까지

도 가사에 선정적인 단어가 포함되어 있다는 이유를 들어 '19금 음악'
으로 방송에 내보내지 않는가 하면, 게임물산업진흥에 관한 법률에 따
라 게임물등급위원회에서는 청소년에게 유해하다고 판단하는 게임들
에 등급을 매겨 청소년들이 할 수 없게 금지하기도 한다. 이 모든 일들
은 청소년들을 '보호'하기 위해 한다는 것이다.

'보호'라는 말은 본래 좋은 말이다. 위험이나 폭력으로부터 지켜주
는 것이 보호이다. 사회적으로 힘이 없고 차별을 받기 쉬운 사람들에게
보호가 필요한 경우도 많다. 하지만 보호받는 사람의 의견을 무시하는
일방적인 '보호'는 때로는 차별이나 통제처럼 되어 버릴 위험이 있다.

실제로 청소년 보호를 위해 금지하고 있는 것들 중에는 고개를 갸우
뚱하게 하는 것들이 많다. 예컨대 청소년들은 왜 밤 10시 이후에 찜질
방에 갈 수 없을까? 밤 9시까지는 괜찮았던 찜질방, 노래방, PC방 들이
밤 10시부터 갑자기 '유해'한 장소가 되어 버린다. 밤늦게 돌아다니는
게 위험해서 그런다고도 하지만, 야간 자율 학습이나 보충수업, 학원이
끝나고 밤늦게 집에 가는 청소년들을 어른들은 오히려 기특한 눈으로
바라보기도 한다. 심지어 방송통신심의위원회는 교육 제도에 비판적인
내용을 청소년 유해 매체물로 지정하고 인터넷 사이트를 폐쇄한 적도
있어서, '청소년 보호'를 핑계로 청소년들의 정치적 자유를 침해하고
있다는 지적을 받은 적도 있다.

19세는 들으면 안 되고 20세는 들어도 되는 노래, 청소년은 할 수 없
고 성인들은 할 수 있는 게임의 기준은 대체 누가 정한 것일까? 그러한
심의는 심의위원들의 주관이나 편견에 따라서 오락가락한다는 비판을

자주 받는다. 나이를 기준으로 영화나 음악을 금지하는 것이 청소년들의 문화적 권리를 침해하고 문화 발전을 막고 있다는 주장도 있다.

따져 보면, 술이나 담배는 단지 청소년들에게 더 해롭기 때문에 금지하는 것이 아니다. 예컨대 술을 마시거나 담배를 피우면 오히려 청소년들보다도 더 해로울 수 있는 노인이나 환자, 임산부를 보호하기 위해 음주나 흡연을 금지하는 법은 없다. 결국 청소년들은 얼마든지 금지하고 통제할 수 있다고 생각하기 때문에 청소년들의 흡연이나 음주를 금지하는 것이다.

어떤 사람들은 나이를 기준으로 이런 규제를 할 수 있는지를 의심스러워하기도 한다. 담배와 술은 19세 12월 31일까지는 금지해야 할 만큼 해롭다가 20세가 되는 순간, 하루 차이로 덜 해로워지는 걸까? '19금'이 붙은 야한 영화나 잔인한 영화, 선정적인 영화들도 갑자기 봐도 괜찮은 걸까?

물론 이런 나이 규정은 편의를 위한 것이므로 이런 식으로 트집을 잡는 것은 억지 같아 보일 수 있다. 하지만 여기서 중요한 것은 청소년이 나이를 먹는다고 해서 갑자기 더 성숙해지는 것은 아니라는 점이다. 나이를 기준으로 한 '청소년 보호'에 의문을 제기하는 사람들은 청소년이 어떤 사회에서 어떤 경험을 하느냐에 따라 다른 성숙의 과정을 겪게 된다고 얘기한다. 따라서 중요한 것은 나이가 아니라, 우리 사회가 청소년들에게 경험을 통해 성숙해질 기회를 주는 사회가 되어야 한다는 것이다. 국가마다 미성년과 성년을 나누는 나이가 서로 다르다는 것도 이러한 주장을 뒷받침해 준다.

　모든 보호가 나쁘고 불필요한 것은 아니다. 청소년이기 때문에 더욱 필요한 보호도 있고, 이런 보호를 받을 권리는 청소년의 인권이다. 하지만 '보호'의 이름으로 영화와 음악을 금지하는 것은 정당한 것일까? 청소년의 의견을 존중하지 않고 숨 막히게 만들고 통제하는 법이라면 그 법은 올바른 것일까? 우리는 어떤 것이 청소년의 인권을 보장하는 '보호'이고, 어떤 것이 청소년을 통제하는 것인지 스스로 다시 한 번 생각하고 판단해 봐야만 한다.

예를 들어 쿠바나 멕시코에서는 만 16세에 성년이 된다. 일본이나 영국에서는 만 18세가 성년이 되는 나이다. 북한에서도 만 16세, 17세면 성년이 된다. 그 사회의 여러 상황과 문화에 따라 성년과 미성년을 나누는 나이는 달라진다.

가정에서의 인권 지수는?

한국에서 어른들이 아이들을 때리는 모습을 보는 것은 그리 어려운 일이 아니다. 정말 뉴스에 나올 법한 심각한 구타가 아니더라도 부모나 보호자가 청소년들이 말을 잘 안 듣거나 성적이 안 좋거나 귀가 시간을 어기거나 잘못을 했을 때 체벌을 한다.

교육이나 훈육, 또는 사랑이라는 이름으로 폭력을 사용하고 인권을 침해한다는 점에서 학교에서의 체벌이나 가정에서의 체벌에는 차이가 없다. 그렇기 때문에 유엔 아동권리위원회는 학교뿐 아니라 가정에서도 체벌을 금지해야 한다고 권고하고 있고, 스웨덴에서는 학교와 가정을 비롯해 모든 곳에서 체벌을 금지하고 있다. 유엔 아동권리협약에는 어린이 · 청소년들이 부모의 소유물이 아니라는 정신이 담겨 있고, 이에 따라 부모라고 하더라도 어린이 · 청소년들을 마음대로 할 수는 없으며 인간으로 존중해야 한다고 명시하고 있다.

부모나 보호자가 일기장이나 휴대전화를 자신의 동의 없이 들여다보는 것은 어떻게 생각해야 할까? 직접 때리고 벌세우는 것보다 덜 폭력

> 유엔 아동권리협약이 처음 만들어질 때는 어린이 · 청소년이 부모에게 '속한다'라고 표현하려고 했다. 하지만 이것이 어린이 · 청소년을 부모의 소유물로 보는 것이라는 비판을 받아들여 부모의 양육 책임, 어린이 · 청소년들의 양육받을 권리 등을 명시하는 것으로 바뀌었다.

226

적으로 보일지도 모르지만, 통화 기록을 본다거나 방을 뒤지는 등 사생활 침해도 중요한 인권 문제이다. 그럴 때 부모나 보호자는 자녀가 나쁜 길로 빠지지는 않을까 염려돼서 그런다고 말하곤 한다. 하지만 당하는 처지에서는 사랑과 염려라기보다는 인권침해이자 폭력으로 느껴질 수 있다. 그 밖에도 가족들이 중요한 일을 결정할 때 청소년들의 의견은 묻지 않는 것도 인권 문제일 수 있다. 또한 진로를 결정할 때 청소년들의 뜻을 존중하는 게 아니라 부모나 보호자가 강압적으로 정하는 것도 인권침해라고 할 수 있지 않을까?

하지만 가정에서 청소년들이 겪는 이런 여러 인권침해들을 개선하는 것은 쉽지 않다. 좋든 싫든 아주 가까운 사람들인 가족들과 맞서 싸워야 하기 때문이다. '사랑'하기 때문에 관심을 보이는 거라고 말하는데 강하게 인권을 주장하면 '불효 자식'이 되는 것 같다. 정말 심각한 학대나 방임이 아니면 도움을 청하기도 어렵다. 학교에서 교사가 하는 체벌이나 소지품 검사 같은 인권침해는 그래도 많은 사람들이 문제라고 생각하는 편이고 이를 비판하기도 한다. 하지만 똑같은 경우도 가정에서 문제가 되면 보는 시선도 조금 달라진다. 학교가 공공시설인 데 비해, '가정'은 다른 사람들이 침범해서는 안 되는 사적인 공간으로 생각하기 때문이다. 따라서 그 안에서 일어나는 일들에 대해서는 밖에서 알기도 어렵고 비판하기도 어렵다. 또한 부모는 자식들에 대한 징계권 등을 법으로 보장받고 있다.

현실적으로도 대부분의 청소년들은 가정을 떠나서 살아가기 어렵다. 집도 없고 돈도 없기 때문이다. 일을 해서 돈을 벌기도 어려운 청소년들이 가정을 떠나서 생활하는 것은 거의 불가능하다. 만일 집을 나오면 당장 차비도 식비도 살 집도 없기 때문에 마땅한 방법이 없다. 한편, 부모나 보호자는 그렇게 먹이고 키운 자신들의 수고가 보답받기를 바라면서 청소년들을 압박하곤 한다. 이런 복잡하고 어려운 문제가 밑바탕에 깔려 있으므로 인권침해를 당해도 청소년들은 꾹 참고 살 수밖에 없다.

"인권은 교문 앞에서 멈춘다"라는 말이 있다. 이를 조금 바꾸면 "인권은 집(가정, 가족) 앞에서 멈춘다"고 말할 수 있을 것이다. 사람에게는 인권이 있지만 '자식'에게는 인권이 잘 보장되지 않는 셈이다. 잘 모르는 다른 사람에게는 해서는 안 되는 일들을 부모이거나 보호자라는 이유로 아무렇지도 않게 저지르는 것은 과연 자녀를 사랑하고 존중하는 것일까? 우리의 집안 구석구석까지 인권의 눈으로 다시 한 번 들여다보는 것이 필요하다.

9장

인권을 위한 실천

우리에게는 어떤 책임이 있나?

우리는 학교에 갈 권리가 있다. 그러나 학교라는 공동체에서 요구되는 책임을 다하지 않으면 그 권리는 아무런 소용이 없게 된다. 책임이 따르지 않는 권리는 없다.

인권 문제도 마찬가지다. 그래서 '인터액션카운슬(InterAction Council)'은 1997년에 '세계인간책임선언'을 채택했다. 이 모임은 세계 여러 나라의 전직 최고 지도자들이 지식과 정치 경험을 모으고 후대에게 전수하기 위해 만든 모임이다. 세계인간책임선언 작성에는 독일의 헬무트 슈미트(Helmut Schmidt) 전 연방 수상, 미국의 지미 카터(Jimmy Carter) 전 대통령, 잠비아의 케네스 카운다(Kenneth Kaunda) 전 대통령, 옛 러시아의 미하일 고르바초프(Mikhail Gorbachev) 전 대통령, 호주의 말콤 프레이저(Malcolm Fraser) 전 수상, 일본의 미야자와 기이치(Miyazawa Kiichi) 전 수상 같은 정치가들이 동참했다.

19개 조로 구성된 세계인간책임선언은 우리가 인권을 어떻게 실현할 것인지, 인권 실현을 위해 우리가 무엇을 지켜야 하는지를 밝히고 있다. 인간의 권리는 국가뿐 아니라 한 사람 한 사람이 인권 실현에 따르는 책임을 다할 때 실현될 수 있기 때문이다. 자유롭고 안전하고 행복한 삶과 발전을 좇는 사람이라면 그런 바람을 가진 다른 사람의 정당한 요구도 존중해야 한다. 다시 말해 우리는 바로 옆집에 사는 이웃에서부터 시작해 지구 반대편에 사는 사람에 이르기까지 모든 사람이 나와 동일한 권리를 행사할 수 있도록 이바지해야 한다. "모든 사람은 성별이나 출신이나 사회적 지위나 정치적 신념이나 언어나 나이나 국적이나 종교에 상관없이 모든 사람을 인간적으로 대할 의무가 있다." 세계인간책임선언의 제1조 내용이다. 제3조에서는 "모든 사람은 어떤 상황에서든 선을 장려하고 악을 지양할 의무가 있다"고 명시한다. 제4조에서는 이를 더욱 뚜렷하게 설명한다. "다른 사람이 나에게 하지 않았으면 하는 일을 다른 사람에게 해서는 안 된다."

그 밖에 인간으로서 우리가 지켜야 할 책임은 비폭력, 정의, 연대 정신, 정직, 관용, 존중이다. 세계인간책임선언에서는 생명 존중의 한 일환으로 "모든 사람은 현재 지구에 사는 사람과 미래 세대를 위해 공기, 물, 토양을 보호할 의무가 있다"고 규정한다. 교육에 대한 인간의 권리에는 자기한테 있는 능력을 최대한 발휘하기 위해 최선을 다하고 노력할 의무가 따른다. 가난하고 소외된 사람들을 돕고, 개인의 재산이나 소유물을 관리할 때 다른 사람에게 손해를 입히거나 불공평한 일이 생기지 않게 해야 하는 것도 인간으로서 우리가 지켜야 할 책임이다. 그 밖에 "모든 사람은 지위나 권력에 관계없이 거짓말을 해서는 안 된다"도 있다. 한편, 사람은 "그 누구도 언제나 모든 사람에게 진실을 다 말해야 할 의무는 없다." 이는 사적 영역을 보호해야 보장된다.

종교의 자유에 대한 인권을 행사하기 위해서는 먼저 종교 때문에 증오심, 광신주의, 종교 전쟁 등을 일으키거나 허용해서는 안 된다는 책임이 있어야 하는데, 이는 특히 종교 지도자들에게 요구되는 책임이다. 남자와 여자는 서로를 존중할 의무도 있다. 부모는 자녀를 존중하고 사랑과 정성으로 보살필 의무가 있다.

시민적 용기란 무엇인가?

사람은 다른 사람의 권리에 대해 책임을 느낄 때 비로소 자기 권리를 인정받을 수 있다. 그렇다고 당장 굶주리는 아프리카 아이들에게 달려가 도움을 줄 필요는 없다. 인권 보호는 바로 우리 둘레에서부터 시작한다.

다른 사람의 존엄성이 위협받을 때 시민적 용기를 발휘하는 것에서부터 인권 보호는 시작한다. 쉽게 말해 다른 사람이 불의한 일을 당할 때 못 본 척하지 않고 도와주는 일에서부터 시작한다. 예를 들어 학교에서 한 친구가 왕따당할 때 그 친구를 도와주면 인권 보호에 이바지하는 것이다. 물론 용기 없이는 힘든 일이다. 왕따당하는 친구를 도와주려면 스스로 희생을 감수해야 하기 때문이다. 아니면 다른 친구들이나 선생님에게 도움을 받아 여럿이 돕는 방법도 있다.

왕따당하는 친구를 돕기 위해 선생님에게 도움을 부탁하는 건 고자질이 아니다. 오히려 그 반대다. 선생님에게 도움을 부탁함으로써 인간으로서 우리가 해야 할 책임을 다하는 것이다. 키가 작다거나 너무 크다고, 뚱뚱하거나 너무 말랐다고, 외국인이거나 장애가 있다고, 피부색이 다르거나 종교가 다르다는 이유로 다른 친구에게 상처가 되는 말을 하는 사람에게 다가가 그런 말을 하지 못하게 하는 것만으로도 친구에게 큰 도움이 될 수 있다.

인간의 존엄성을 지키는 것은 아주 '작은' 불의를 거부하고 그 일을 그만두게 하는 것에서부터 시작한다. 다른 사람이나 다른 어린이를 무시하거나 이용하거나 학대하거나 힘으로 제압하려는 사람이 있다면 그 사람이 어른이라고 할지라도 이의를 제기하고 그 일을 그만두게 해야 한다. 선생님이 어떤 이유에서든 학생을 차별한다면 그 일에 대해서도 우리는 문제를 제기할 의무가 있다. 만약 스스로 맞서기 힘들다면 다른 선생님이나 부모님이나 어른에게 도움을 부탁하면 된다. 만약 누군가가 외국인을 무시하거나 인종차별을 하는 농담을 하면 귀 기울이지 말고 그 사람에게 그 이야기가 듣기 싫은 이야기라는 것을 느끼게 해주어야 한다. 좀 더 적극 나서서 그런 이야기를 하지 말라고 경고할 수도 있다. 우리가 먼저 행동하면 분명 다른 사람들도 동참할 것이다. 시민적 용기는 전염성이 있다. 그래서 시민적 용기는 인권 강화에 크게 이바지한다.

그러나 이 용기에도 한계는 있다. 만약 혼자 있을 때는 자신을 위험에 빠뜨리면서까지 다른 사람이 억압당하거나 폭력에 희생되는 자리에 끼어들어서는 안 된다. 그런 상황에서는 도움을 부탁하고 도와줄 사람들을 데려오는 것이 가장 현명하다. 물론 용기가 없어서 모른 척하며 도와주지 않으려는 어른들도 있을 것이다. 그렇다면 이렇게 해보자. 길거리에 있는 사람들 가운데 특정 인물을 지목해서 도움을 구해 보자. "아저씨! 녹색 스웨터 입으신 분이요! 좀 도와주세요! 여기 사람이 위험합니다!" 이럴 때 지목을 받은 사람은 쉽게 모른 척하거나 부탁을 거부하지 못하는 경향이 있다.

시민적 용기는 배우고 연습해야 한다. 학교에서 또는 또래 집단에서 그리고 여러 모임에서 먼저 시민적 용기에 대한 이야기를 꺼내 보자. 시민적 용기를 발휘한 사람들의 예와 기타 정보는 청소년과 교육에 관련한 단체의 홈페이지를 참고하면 된다.

인권을 고려한 장보기, 어떻게 해야 할까?

TransFair, Flower Label, GEPA, Rugmark. 혹시 본 적 있는 마크인가? 이 마크는 노동자들이 정당한 조건에서 생산하고 공정한 거래로 유통하는 제품이라는 것을 나타내 준다. 다시 말해 그 제품을 생산할 때 사람이 착취당하거나 이용당하지 않았다는 표시다.

우리는 늘 입고 있는 티셔츠를 보면서 누가 어떻게 면을 생산하고 천을 짜고 옷을 재단하고 바느질을 했는지 생각해 보지는 않는다. 초콜릿을 먹을 때 맛이 좋다, 나쁘다 평가는 하지만 어떤 노동자들이 어떤 조건에서 카카오나무를 심고, 열매를 재배했는지 생각해 보지 않는다. 이런 것을 만들기 위해 어린아이들이 강제로 일을 했다고는 상상하기도 힘들다. 우리가 밟고 다니는 카펫을 보면서 최저임금을 받으며 카펫을 한 올 한 올 짜거나 베틀 앞에서 고되게 일하는 사람들이 있다는 사실은 전혀 떠올리지 못한다. 그러나 이 모든 것은 사실이다.

만약 공정 무역 마크가 있는 제품이라면 안심할 수 있다. 이 마크는 제품을 생산할 때 인권과 어린이의 권리를 존중했다는 것을 증명해 준다. 제품을 만드는 노동자들이 공정한 대가를 받고, 생산 과정에서 노동자의 건강이 위협받지 않았다는 것을 확인해 준다. 공정 무역 마크는 농부가 농작물을 실제 가치보다 더 싼 값에 팔도록 강요당하거나 화학 농약을 사용하도록 강요당하지 않았다는 것을 보장하며, 남에게 빼앗긴 농지에서 농사를 지어 재배한 농작물이 아니라는 것을 증명한다. 러그마크(Rugmark)가 있는 카펫은 합법적인 어린이 노동자들이 만든 제품이며, 플라워라벨(Flower Label) 표시가 되어 있는 꽃은 친환경적으로, 노동자들이 인권을 존중받는 환경에서 심고 키워서 재배한 것이다.

몇 년 전 트랜스페어(TransFair)라는 마크를 아는 사람은 거의 없었고 단지 천연 제품 가게나 '아름다운 가게' 같은 곳에서만 찾아볼 수 있었다. 오늘날에는 초콜릿, 커피, 차, 코코아 같은 다양한 제품에 그리고 심지어는 일반 슈퍼마켓 선반에서도 공정 무역 마크가 붙은 제품들을 볼 수 있다. 이 마크가 붙은 제품에는 대부분 친환경 마크도 붙어 있다. 트랜스페어는 인권 단체, 노조, 환경 단체로 구성된 국제공정무역단체가 만든 마크이다. 수천 명에 달하는 독일의 플로리스트들이 꽃 가게에서 '깨끗한' 꽃을 판매한다. 러그마크 카펫도 홈쇼핑과 대형 백화점의 효자 상품으로 떠오르고 있다. 심지어 일반 제품보다 가격이 비싸도 잘 팔린다. 사람들은 비싼 값을 주더라도 그 돈이 아깝지 않다고 생각하기 때문이다. 공정 무역 마크 제품을 판매해서 생기는 수익금 일부는 제품이 생산되는 나라에서 학교, 보건소, 기타 공동체 시설을 건설하는 데 쓴다. 따라서 중간 거래상에게 지불해야 할 돈이 많지 않다. 비싼 명품이라면 돈을 아까워하지 않는 요즘 같은 세상 아닌가? 그런 명품도 가끔 어린이 노동자 또는 저임금 노동자들이 생산한다.

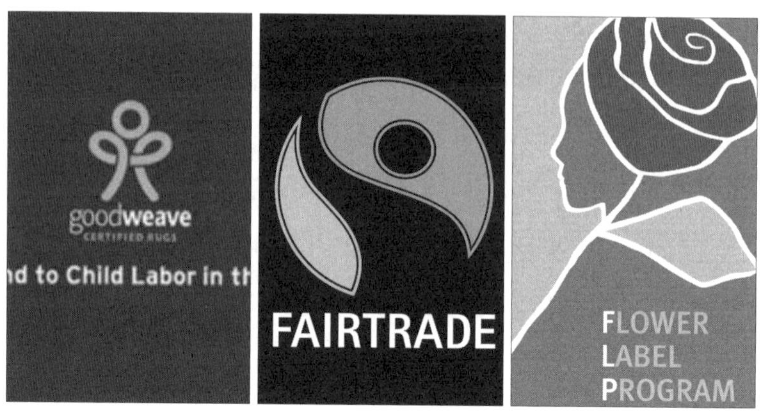

러그마크, 페어트레이드, 플라워라벨(왼쪽부터).

점점 더 많은 사람들이 공정한 방법으로 생산한 제품을 찾는다. 유럽에서는 공정 무역 마크가 붙은 상품은 2000년부터 해마다 20퍼센트쯤 수요가 늘어나고 있다. 그리고 (아직) 공정 무역 마크를 획득하지 못한 기업 가운데 많은 하청업체에서 적어도 합법적인 수준의 임금 범위 안에서 임금을 주고 제품을 생산하는지 더욱 철저하게 감시하겠다고 약속했다.

환경오염은 인구건과 무슨 관계가 있을까?

공정한 소비와 환경을 아끼는 생활은 우리가 다른 사람을 위해 그리고 안전하게 살 인간의 권리를 위해 이바지할 수 있는 방법이다. 자연을 마구잡이식으로 이용하면 많은 사람들의 안전한 삶을 위협하게 된다.

아프리카와 오스트레일리아 같은 일부 지역에서는 기후변화 때문에 가뭄이 아주 심하고 물이 모자라 그곳 주민들은 생활을 위협받고 있다. 지구가 점점 더 더워져서 기후가 변하고 해수면이 올라가고 섬이 가라앉고 있다. 열대우림이 파괴되어 많은 부족들이 삶의 터전을 잃고 위기에 빠져 있다. 그리고 원래부터 삶이 그다지 풍요롭거나 아주 안전하지 않았던 사람들은 더 큰 피해를 입는다. 그 사람들도 우리 모두와 동등한 권리가 있는데 말이다.

그들은 우리가 일으킨 환경문제 때문에 피해를 입는다. 우리가 누리는 행복의 대가를 가난한 사람들이 치르고 있는 셈이다. 그렇다고 해서 지금 당장 내가 할 수 있는 일이 있을까? '어른들'이 알아서 할 문제라는 생각이 든다. 왜 어른들은 어느 곳에서나 자연과 사람이 함께 건강하게 살 수 있는 세상을 만들기 위해 노력하지 않는가?

물론 맞는 말이기도 하다. 변화를 이끄는 건 무엇보다 국가의 임무다. 국가는 그러한 변화를 이끌어 낼 수 있을 만큼 권력이 있다. 국가는 법을 이용해 기업이 환경과 인권을 먼저 생각하도록 유도하거나 강제할 수 있다. 그러나 달리 생각해 보면 '국가'는 바로 우리 자신이다. 더구나 민주주의국가에서는 그렇다! 우리는 정치인들에게도 친환경적으로, 친인권적으로 행동할 것을 요구하면서 그와 함께 우리 자신도 그렇게 행동해야 한다. 지속 가능성을 추구하며 사는 것은 사실 그리 어렵지도 않다. 몇 가지 예를 살펴보자.

먼저 우리가 부모님 차를 타고 다니지 않고 자전거를 타고 다닌다면 기름을 엄청나게 절약할 수 있어서 집안 살림에도 도움이 될 것이다. 그러나 그보다도 더 중요한 것은 자전거를 이용하면 날마다 공기 중으로 배출하는 유해 물질의 양과 석유 사용량이 엄청 줄어든다는 것이다.

모두 힘을 모은다면 성공할 수 있다. 우리 모두 물을 조금만 아낀다면, 옷을 조금 더 따뜻하게 입어 실내 온도를 조금만 낮출 수 있다면, 재활용 병에 담긴 음료수만 마신다면, 새로운 휴대전화가 나와도 곧바로 바꾸지 않고 이전 휴대전화를 좀 더 사용한다면, 쓰레기를 적게 만들고 환경의식을 좀 더 갖고 시장을 본다면 어떨까? 우리는 모두 소비자이기 때문에 생산자에게 큰 영향력을 미칠 수 있다. 결국 수요가 공급을 결정

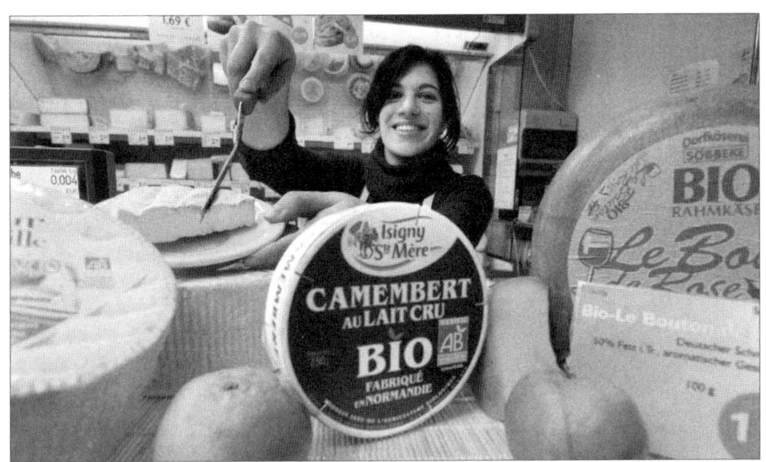

치즈 코너에 진열되어 있는 친환경 제품.

하기 때문이다. 친환경 제품을 많이 쓸수록 친환경 제품이 더 많이 생산될 것이다. 더 많은 사람이 친환경 제품을 좋아할수록 더 많은 농부들이 농산물을 친환경적으로 재배할 것이다. 더 많은 사람이 기름을 아끼려고 하면 자동차 업계는 기름이 덜 드는 자동차를 개발할 것이다. 우리는 심지어 과학 기술 분야에까지 영향을 미칠 수 있다. 그리고 지구의 앞날에 이바지할 수 있다.

우리는 언제 우리의 권리를 완전하게 행사할 수 있을까?

누구나 자유롭고 안전한 삶을 추구할 권리가 있다. 말은 쉽다. 그런데 도대체 무엇 때문에 이러한 권리를 실현하는 것이 이토록 어려운 것일까? 우리는 늘 새로운 문제와 맞닥뜨리며, 누구나 자기 자신을 먼저 생각하기 때문이다.

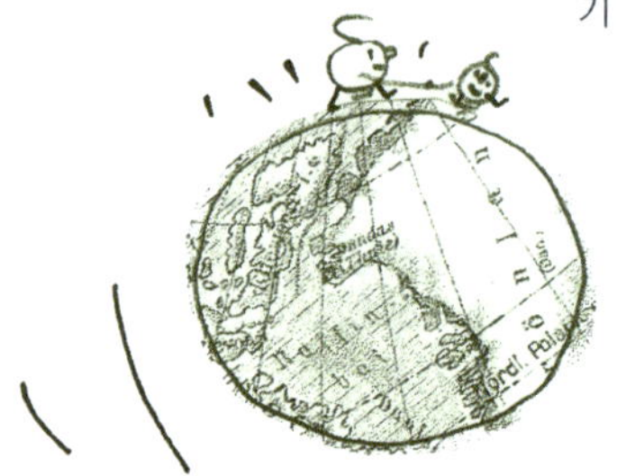

이러한 특성 또한 인간의 본성이다. 우리는 어릴 때부터 나 자신이 행복해지기 위해서는 주변 사람들도 행복해야 한다고, 나 자신을 위해 다른 사람을 배려해야 한다고 배운다. 그러나 어릴 적에 배운 것으로는 충분하지 않다. 우리 자신과 세상이 끊임없이 변하기 때문에 배움 또한 계속되어야 하는 것이다. 이 책의 맨 앞부분에 소개한 은수와 현수, 윤기와 정아를 기억하는가? 친하고 가까이 있는 사람들끼리 서로 배려하는 것은 크게 어렵지 않다. 그런데도 식구, 학급, 친구들 사이에서도 가끔 갈등이 일어난다. 만약 그 갈등을 해결하겠다는 의지가 없으면 결국 서로 싸우게 된다. 국가 안에서도 또 국가끼리도 갈등이 생기면 불공정하고 불만족한 일들이 쌓이고 심지어는 전쟁으로 번진다. 민주주의국가는 이러한 문제를 좀 더 어른스럽게 해결해 나간다. 싸움을 막기 위해 국가가 기본권을 보장하는 헌법을 제정했기 때문이다. 인간의 존엄성을 '발견'한 지 2천 년이 지난 지금 국제사회는 인간의 존엄성 보장은 모든 사람이 누려야 하는 권리라는 것을 인정한다. 그렇게 해서 1948년 12월 10일에 세계인권선언이 탄생했다.

　세계인권선언과 함께 세계는 인권으로 가는 새로운 단계에 들어섰다. 물론 그 길에는 장애물도 많다. 세상은 날마다 발전하고 있기 때문에 날마다 새로운 문제가 더해진다. 우리가 누리는 새로운 기회들은 곧 우리가 인권을 고려했는지 날마다 새롭게 반성해 보아야 하는 순간들이기도 하다. 언제나 인권을 생각하기란 쉽지 않다. 그렇기 때문에 과정이 목적인 셈이다.

　화성에 다다르는 것, 새로운 기술의 발전 같은 것이 아닌 인권의 실현이야말로 인간이 이룬 가장 큰 업적이다. 인권과 관련해서 우리가 생각해 보아야 할 것은 인간이 할 수 있는 것은 뭐든지 다 해도 되는가하는 점이다. 의학이나 유전공학에 대해 생각해 보자. 생명체를 변화시키고 조작하는 것이 과연 인간의 권리를 보호하는 것과 들어맞는가? '수단과 방법을 가리지 않고 생명 구하기'가 과연 생명을 건진 사람들의 존엄성을 지켜 주는 일인가? 어떻게 해야 우리가 찾은 새로운 가능성 속에 긍정의 기회뿐만 아니라 다른 누군가에게 위협이 되는 요소도 있다는 사실을 인식할 수 있을까? 예를 들어 친환경 연료를 생각해 보자. 식물에서 추출한 연료를 사용하면 석유 부족과 온실가스로 말미암은 기후변화 문제를 해결할 수 있다. 그러나 60리터를 주유하는 자동차 한

대에 들어갈 연료를 얻기 위해서는 한 사람이 반 년 동안 먹을 수 있는 곡물을 써야 한다. 여전히 많은 사람이 굶주리고 있는데 곡물을 연료로 사용해도 되는 것일까?

세계화 문제도 그렇다. 세계 여러 나라의 직업, 정보, 돈이 서로 연계되면 결국에는 몇몇 사람들만 이익을 얻고 사람들 대부분은 일자리와 복지 혜택을 빼앗기게 될 것이라고 겁내는 사람들이 있다. 물론 세계화를 잘 이용하면 일자리와 이익을 고르게 분배할 수도 있다. 인권은 세계화 덕을 많이 보았다. 세계화가 되면서 세상은 좁아지고 사람들은 더욱 가까워졌다. 국가나 기업이 무엇을 하는지, 누가 권력을 남용하는지 온 세계가 지켜보고 있다. 어느 한 곳에서 불의한 일이 벌어지면 이 사실이 곧 세계 곳곳에 알려지고 많은 사람들이 목소리를 낸다. 도덕 기준 역시 세계화되어 간다. 이러한 과정이 곧 목표다. 우리는 새로운 단계로 나아가는 출발선에 서 있다.

세계인권선언

인류 가족 모두의 존엄성과 양도할 수 없는 권리를 인정하는 것이 세계의 자유, 정의, 평화의 기초다. 인권을 무시하고 경멸하는 만행이 과연 어떤 결과를 초래했던가를 기억해 보라. 인류의 양심을 분노케 했던 야만적인 일들이 일어나지 않았던가?

그러므로 오늘날 보통 사람들이 바라는 지고지순의 염원은 '이제 제발 모든 인간이 언론의 자유, 신념의 자유, 공포와 결핍으로부터의 자유를 누릴 수 있는 세상이 왔으면 좋겠다' 는 것이리라.

유엔헌장은 이미 기본적 인권, 인간의 존엄과 가치, 남녀의 동등한 권리에 대한 신념을 재확인했고, 더 폭넓은 자유 속에서 사회 진보를 촉진하고 생활 수준을 향상시키자고 다짐했었다.

그런데 이러한 약속을 제대로 실천하려면 도대체 인권이 무엇이고 자유가 무엇인지에 대해 모든 사람이 이해할 수 있도록 하는 것이 가장 중요하지 않겠는가?

유엔총회는 이제 모든 개인과 조직이 이 선언을 항상 마음속 깊이 간직하면서, 지속적인 국내적 국제적 조치를 통해 회원국 국민들의 보편적 자유와 권리 신장을 위해 노력하도록, 모든 인류가 '다함께 달성해야 할 하나의 공통 기준' 으로서 '세계인권선언' 을 선포한다.

1조 모든 사람은 태어날 때부터 자유롭고, 존엄하며, 평등하다. 모든 사람은 이성과 양심을 가지고 있으므로 서로에게 형제애의 정신으로 대해야 한다.

2조 모든 사람은 인종, 피부색, 성, 언어, 종교 등 어떤 이유로도 차별받지 않으며, 이 선언에 나와 있는 모든 권리와 자유를 누릴 자격이 있다.

3조 모든 사람은 자기 생명을 지킬 권리, 자유를 누릴 권리, 그리고 자신의 안전을 지킬 권리가 있다.

4조 어느 누구도 노예가 되거나 타인에게 예속된 상태에 놓여서는 안 된다. 노예제도와 노예 매매는 어떤 형태로든 일절 금지한다.

5조 어느 누구도 고문이나 잔인하고 비인도적인 모욕, 형벌을 받아서는 안 된다.

6조 모든 사람은 법 앞에서 '한 사람의 인간' 으로 인정받을 권리가 있다.

7조 모든 사람은 법 앞에 평등하며, 차별 없이 법의 보호를 받을 수 있다.

8조 모든 사람은 헌법과 법률이 보장하는 기본권을 침해당했을 때, 해당 국가 법원에 의해 효과적으로 구제받을 권리가 있다.

9조 어느 누구도 자의적으로 체포, 구금, 추방을 당하지 않는다.

10조 모든 사람은 자신의 행위가 범죄인지 아닌지를 판별받을 때, 독립적이고 공평한 법정에서 공평하고 공개적인 심문을 받을 권리가 있다.

11조 범죄의 소추를 받은 사람은 자신을 변호하는 데 필요한 모든 것을 보장받아야 하고, 누구든지 공개재판을 통해 유죄가 입증될 때까지 무죄로 추정될 권리가 있다.

12조 개인의 프라이버시, 가족, 주택, 통신에 대해 타인이 함부로 간섭해서는 안 되며, 어느 누구의 명예와 평판에 대해서도 타인이 침해해서는 안 된다.

13조 모든 사람은 자기 나라 영토 안에서 어디든 갈 수 있고, 어디서든 살 수 있다. 또한 그 나라를 떠날 권리가 있고, 다시 돌아올 권리도 있다.

14조 모든 사람은 박해를 피해, 타국에 피난처를 구하고 그곳에 망명할 권리가 있다.

15조 누구나 국적을 가질 권리가 있다. 누구든지 정당한 근거 없이 국적을 빼앗기지 않으며, 자기 국적을 바꾸거나 다른 국적을 취득할 권리가 있다.

16조 성년이 된 남녀는 인종, 국적, 종교의 제한을 받지 않고 결혼할 수 있으며, 가정을 이룰 권리가 있다. 결혼에 관한 모든 문제에서 남녀는 똑같은 권리를 갖는다.

17조 모든 사람은 혼자 또는 타인과 공동으로 재산을 소유할 권리가 있다. 어느 누구도 자기 재산을 정당한 이유 없이 남에게 함부로 빼앗기지 않는다.

18조 모든 사람은 사상, 양심, 종교의 자유를 누릴 권리가 있다.

19조 모든 사람은 의사 표현의 자유를 누릴 권리가 있다.

20조 모든 사람은 평화적인 집회 및 결사의 자유를 누릴 권리가 있다.

21조 모든 사람은 직접 또는 자유롭게 선출된 대표자를 통해, 자국의 정치에 참여할 권리가 있다. 모든 사람은 자기 나라의 공직을 맡을 권리가 있다.

22조 모든 사람은 사회의 일원으로서 사회보장을 받을 권리가 있다.

23조 모든 사람은 일할 권리, 자유롭게 직업을 선택할 권리, 공정하고 유리한 조건으로 일할 권리, 실업 상태에서 보호받을 권리가 있다. 모든 사람은 차별 없이 동일한 노동에 대해 동일한 보수를 받을 권리가 있다.

24조 모든 사람은 노동시간의 합리적인 제한과 정기적 유급휴가를 포함해, 휴식할 권리와 여가를 즐길 권리가 있다.

25조 모든 사람은 먹을거리, 입을 옷, 주택, 의료, 사회 서비스 등을 포함해 가족의 건강과 행복에 적합한 생활수준을 누릴 권리가 있다.

26조 모든 사람은 교육받을 권리가 있다. 초등교육과 기초 교육은 무상이어야 하며, 특히 초등교육은 의무적으로 실시해야 한다. 부모는 자기 자녀가 어떤 교육을 받을지 '우선적으로 선택할 권리'가 있다.

27조 모든 사람은 자기가 속한 사회의 문화생활에 자유롭게 참여하고, 예술을 즐기며, 학문적 진보와 혜택을 공유할 권리가 있다.

28조 모든 사람은 이 선언의 권리와 자유가 온전히 실현될 수 있는 체제에서 살아갈 자격이 있다.

29조 모든 사람은 자신이 속한 공동체에 대해 한 인간으로서 의무를 진다.

30조 이 선언에서 말한 어떤 권리와 자유도 다른 사람의 권리와 자유를 짓밟기 위해 사용될 수 없다. 어느 누구에게도 남의 권리를 파괴할 목적으로 자기 권리를 사용할 권리는 없다.

〈국가인권위원회 홈페이지: 세계인권선언 국어 번역문〉
(http://udhr60.humanrights.go.kr/02_sub/body01.jsp)

옮긴이 | 안미라

서강대학교 독어독문학과를 졸업하고 한국외국어대학교 통번역대학원에서 박사 과정을
수료했다. 현재 프리랜서 통번역가, 대학원 강사로 활동하고 있다. 《내 아이를 위한 비폭력
대화》《산책로에서 만난 즐거운 생물학》《소설로 만나는 근대 이야기》를 번역했고 《로마
황제의 발견》《마르틴 치머만의 세계사》를 공역했다.

그린이 | 베레나 발 하우스 Verena Ballhaus

1951년에 마인 강변의 게뮌덴에서 태어났다. 어린 시절부터 색과 형태에 관련된 것이면
무엇이든 좋아했다. 뮌헨에서 예술대학에 다니며, 회화와 그래픽, 예술교육학을 공부했다.
졸업 뒤 얼마 동안 무대미술가로 활동했다. 지금은 어린이 그림책 그리기에만 전념하고 있다.
청소년문학상을 비롯한 여러 가지 상을 받았다.

최진혁

프리랜서 일러스트레이터로 《청소년 경제 수첩》《청소년 정치 수첩》《국어 실력이
밥 먹여준다》《알기 쉬운 토지공개념》《과학원리로 떠나는 창의력 여행》 등의 도서에
일러스트 작업을 했다.

세상이 보이는 지식 ❸

청소년 인권 수첩

1판 1쇄 | 2010년 12월 21일　1판 7쇄 | 2020년 6월 9일

지은이 | 크리스티네―슐츠 라이스·공현　옮긴이 | 안미라
펴낸이 | 조재은　편집부 | 김명옥 육수정　영업관리부 | 조희정 정영주

펴낸곳 | (주)양철북출판사
등록 | 2001년 11월 21일 제25100-2002-380호
주소 | 서울시 마포구 양화로8길 17-9
전화 | 02-335-6407　팩스 | 0505-335-6408
전자우편 | tindrum@tindrum.co.kr
ISBN | 978-89-6372-033-3 43300　값 | 12,000원

편집 | 임중혁　표지 디자인 | 여수정

잘못된 책은 바꾸어 드립니다.